SECRETS OF
NUMEROLOGY

123456789

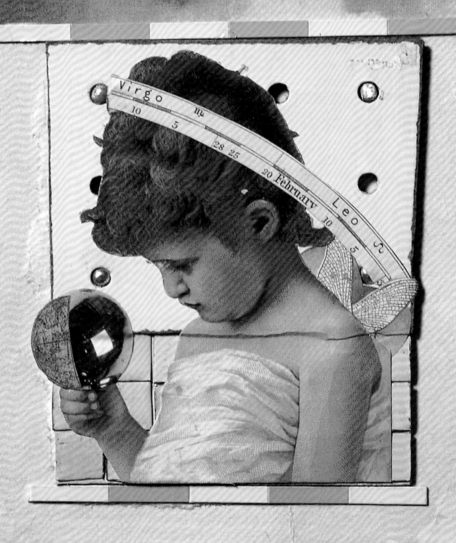

こうすればいいのか！が導き出せる

実践 数秘術

Secrets of Numerology

ドーン・コヴァン 著

小川 真弓 翻訳

目次

本書の使い方 **6**

数秘術とは 8

数秘術の歴史 **10**

普遍数 **18**

普遍数とは／普遍数―1パイオニア／1の人の特徴／普遍数2―パートナー／2の人の特徴／普遍数3―伝達者／3の人の特徴／普遍数4―建設者／4の人の特徴／普遍数5―自由人／5の人の特徴／普遍数6―奉仕者／6の人の特徴／普遍数7―夢想家／7の人の特徴／普遍数8―実業家／8の人の特徴／普遍数9―調停役／9の人の特徴／普遍数11―幻視家／11の人の特徴／普遍数22―設計者／22の人の特徴／普遍数0―暗号を説く鍵／0の特徴

人格数 **70**

人格数の出し方／人格数／人格数を計算する／人格数1と2／人格数3と4／人格数5と6／人格数7と8／人格数9、11、12

運命数 **98**

運命数の出し方／運命数1と2／運命数3と4／運命数5と6／運命数7と8／運命数9、11、12／日付

カルマ的な数 **126**

カルマ数／特性数と欠落数／ハート数／意志数／成熟数

内なる調和とスピリチュアリティ 146

数の相互作用／1から4までの組み合わせ／5から9までの組み
合わせ

相性診断 158

ジェインの人間関係／1の人と2の人の相性／人間関係の傾向：
1の人と2の人の場合／3の人と4の人の相性／人間関係の傾向：
3の人と4の人の場合／5の人と6の人の相性／人間関係の傾向：
5の人と6の人の場合／7、8、9の人の相性／人間関係の傾向：
7、8、9の人の場合

未来予測 178

頂点数／頂点数が表す人生／試練数／個人年／1〜5までの個
人年／6〜22までの個人年

占星術やタロットとの関係 202

数秘術と占星術／数秘術とタロット／1ケタの数を持つタロット
カード／2ケタの数を持つタロットカード／最後の11枚のカード
／愚者：0

用語解説 220

索　引 222

数の組み合わせ

数の組み合わせは無限に作ることが
できます。

本書の使い方
数秘術の複雑な世界に分け入り、一歩一歩理解を深めていくことが、本書の狙いです。1から9までの数字に隠された意味や、人格数の総合的な解釈のしかたをとりあげます。読者が自力でネームチャートを作成できるよう、重要な数の計算方法を詳しく説明してあります。また、「未来予測」の章では、数秘術で使われる複雑難解なテクニックの数々を単純明快に説明しますので、初心者でも安心して取り組めるでしょう。リーディングの実践例も載っています。自分で占った結果と比較検討してお役立てください。最終章では数秘術と占星術・タロットとの関係を考察しています。

重要なこと

本書の最終章では、数秘術とタロットとの関係に踏み込んでいます。タロットはうさんくさい目で見られることもありますが、心配は無用です。古くから占いに使われてきたカードの一種であり、人を根底から動かす魂の性質と願望を解き明かすツールなのです。ただし、カードを粗末に扱ってはなりません。そこに描かれた聖なるイメージに敬意を払うことを忘れずに。そうすればタロットと安全で快適な、実り多い関係を結ぶことができるでしょう。

数秘術の歴史と背景

第1章では数秘術の興味深い歴史をたどり、
古来より今に至るまでどのように発展してきたのかを解明します。

数字の解説

数秘術で使われる
重要な数字を
一つずつとりあげ、
詳しく解説します。

実践的なアドバイス

数秘術の計算方法が
スムーズに理解できるよう、
リーディングの具体例や
簡単なサンプルを
載せてあります。

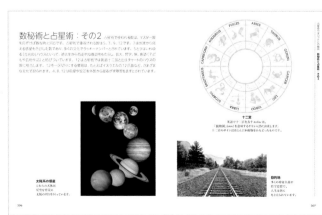

さらに一歩踏み込んで

最終章では数秘術と
占星術・タロットとの
関係をとりあげています。

数秘術とは

ガリレオ・ガリレイ
（1564-1642）
天文学者、数学者。
数の重要性を認めていました。

数にはそれぞれ固有の波動があり、人間の運命に深い影響を及ぼしていることは、聖書の時代から知られています。古代ギリシャの人々は、数は物事の本質を解明する鍵であると説きました。つまり、1から9までの1ケタの数は、原始の混沌（カオス）からの世界創造に始まり個々の生命体のバイオリズムに至るまで、万物の生成変化を象徴しているというのです。この時代には、太陽系の各惑星は回転しながら固有の音を発し、「天上の音楽」を奏でているとの考え方があり、それぞれの数が持つ波動は天体の音と呼応しているとされていました。数秘術にはそのような背景があるため、人間の一生は宇宙波動の反映であり、それに呼応していると説く占星術とは、切っても切れない関係にあります。中世イタリアの天文学者、ガリレオ・ガリレイが「自然という書物は数という言葉で書かれている」と言ったように、数字は情報を伝達する記号というだけではなく、それ以上の意味があります。数には人生を秩序立て、コントロールする力が込められているのです。

数という言葉

人生を数という言葉で読み解く方法を身につければ、将来の見通しがある程度立てられるかもしれません。数字という形式に込められた意味を知ることは、内なる自己、潜在能力、動機を解き明かす第一歩となります。運命数（ライフパス）、人格数、ハート数の間にどのようなつながりがあるかを理解すれば、本来の自分を表現するのに役立ちます。個性を形作っているバイオリズムと行動パターンも分かってきます。こうして自分への理解を深めておけば、新たな選択を迫られたとき慌てずにすむでしょう。

数秘術はお付き合いする相手について知り、相性の良し悪しはどうして起こるのかを

解明するツールにもなります。また、さまざまな国の特徴を理解したり、休暇を過ごすのに最適な場所を探したりする際に、数秘術を都市や国に応用することもできます。

　数秘術の面白さは、新たな可能性の扉が開かれることにあります。数秘術はただ単にその時々の状況を切り抜ける手段というよりも、宇宙の生成変化のリズムに合わせ、人生の目的と意義に目覚めるためにあるのです。

天上の音楽

古代ギリシャ人の思想家たちは、太陽系の惑星にはそれぞれ固有の音があり、宇宙全体で和音を奏でていると考えました。

数秘術の歴史

　数秘術が世界中の聖典に登場することから、古代の人々にとって数が重要な意味を持っていたことが分かります。

　数字の体系は文化によって異なります。ヨーロッパで使われている数字の起源は、古代エジプト、バビロニア、ギリシャ・ローマ時代にまでさかのぼるとされています。数学上のさまざまな概念を暗黒時代の中世ヨーロッパに伝えたのはアラビア人であり、アラブ文化はその当時最盛期を迎えていました。

　数学という学問を生んだ古代文化では、占いも信じられていました。つまり、古代の人々はそのような方法を通じて、神（ないしは神聖な世界）と人間との結びつきを見出していたのですが、現代人には理解しにくいことです。現代では数学はただ単に学問の一分野と見なされ、数と神との関係は認められてはいません。数秘術はこのつながりを取り戻そうとする試みなのです。

数秘術の歴史

ピタゴラス
古代ギリシャの数学者、
神秘家であり、現代西洋数秘術の
父とされています。

数学はメソポタミア文明とエジプト文明を経由して、西洋にもたらされました。この２つの文明の遺跡からは数の体系に関する記録が発見されており、紀元前3000年にさかのぼる現時点で最古のものです。紀元前４世紀にはこの体系がギリシャに伝わり、現代数秘術の基礎とされる数学が始まりました。古代のエジプトとバビロニアの人々は、単なる物質界を超えたところに実相界があると本気で信じていました。それゆえ、数学、天文学、占星術、医学、魔術が対等な地位を占め、これらがすべて一つの学問とみなされていました。ところが

数世紀後、この学問に含まれるいくつかの側面を支配層のエリートたちが単なる迷信だと切り捨てたため、別々の分野になったのです。数秘術と占星術は怪しげな世迷いごととされましたが、その後も盛んに実践されていました。

暗号、言葉、数字

古代の人々は機密情報が外部に漏れないようにするため、暗号を設定していました。たとえば、バビロニア人は食の周期や彗星の出現を計算して出していましたが、これらの現象はたいへん恐れられていたため、情報を暗号化して民衆の目に触れないようにしてありました。暗号を作った者だけが情報にアクセスできたのです。ヘブライ語のアルファベットも同じような使われ方をしており、日常的な意思伝達の手段というだけでなく、一種の暗号体系でもありました。ヘブライ文字はぜんぶで22個あり、それぞれに数字が割りふられていました。イニシエーションを受け、暗号を解く鍵を伝授された者だけが、言葉に隠された意味を読み解くことができたのです。

数秘術はそのような暗号の体系でもあり、古代ギリシャの数学者で紀元前６世紀にイタリアで活躍したピタゴラスの教えを踏まえて

います。ピタゴラスはさまざまな秘密結社に参加しており、のちに自ら結社を創始して少数の選ばれた者たちに知識を伝えました。

　古代ギリシャの哲学者プラトンはピタゴラスの理論を大筋で継承した上で、独自の学派を作りました。プラトン思想の影響は現代の心理学や哲学はもちろん、数秘術にも受け継がれています。数秘術には本当の自分を知り、スピリチュアルな世界とのつながりを取り戻すための知恵が詰まっています。

ジョージ・ワシントン
5の人にふさわしく、
祖国アメリカの解放と統一を
目指してたたかいました。

人生を解く鍵

数秘術は人の一生に関する情報を含んだ暗号体系だといえます。プラトンのいうイデア（本質）はすべての数に宿っていますが、数が発する波動はそれぞれ異なるため、その波動の影響により、人によって微妙に異なる形でイデアが現れます。歴史上の人物や現代の著名人を例にとってみれば、人生で経験するさまざまな出来事を通じて数字の性質がどのように表に現れているかが分かるでしょう。自分が持っている数を可能な限り純粋な形で体現ないしは表現しているケースがまれであることは、有名人といえども一般人と少しも変わりません。ただ、有名人が選択している職業を見れば、本当に表現したい性質は何かというヒントが得られます。しかし、有名人であれごく普通の人であれ、ネームチャートの数字に隠された意味を一つずつ解き明かしていけば、自分のことがよく分かるようになるのはもちろん、近年では希薄になりつつある神とのつながりを取り戻すこともできるでしょう。

J・K・ローリング
4を持つJ・K・ローリングは、コミュニケーターとしてのギフトを用いて魔法のようなメッセージを沢山のファンに伝えています。ハリー・ポッターは伝統的、秘教的な知識から生み出されたのです。

マーク・ザッカーバーグ
先見の明のある7を持つ
マーク・ザッカーバーグはSNS技術を
世界中に広め、数百万人が
グローバルに関わるようになりました。
彼の影響力は息を飲むほどです。

チャールズ・ダーウィン
この生物学者は5の人らしく、
進化論を説いて世間の人々を
因習や旧来の考えから
解き放とうとしました。

ブリジット・バルドー
世紀の美女で大女優。
6の人特有の色っぽさを
体現しています。
また、動物愛護団体の活動にも
熱心に取り組んでいます。

秘密の教えを説く者たち

G・I・グルジェフ
グルジェフが考案した自己啓発法を
弟子たちは「ワーク」と
呼んでいました。

ゲオルギィ・イワノヴィッチ・グルジェフ（1877-1949）はロシアの神秘思想家で精神的指導者です。仏教の僧侶としてチベットで2、3年過ごした際に、9つの点を結んだ星形の図形が古くから伝わっていることを知り、西洋世界に紹介しました。これを「エニアグラム」といいます。グルジェフはその図形を数秘術のツールとして使用し、人間の本質に関する深遠な教えを説きました。この他にチベットの導師からの影響を指摘される神秘家には、20世紀初頭に「7光線」説を説いた英国のアリス・ベイリーがいます。彼女の理論によれば、太陽、月、5つの惑星は固有のエネルギー光線を発しており、人はみなそのどれか一つのエネルギーを帯びているといいます。ベイリーはチベットの大師からこのことを教わったと主張していました。

神智学の入門者が最初に教わるのがベイリーの「7光線」であり、イタリアの精神科医、ロベルト・アサジョーリはのちにこれを発展させて統合心理学（サイコシンセシス）を確立しました。彼が考案した性格類型論では、人の性格を決定づけ、しかるべき時期に表に出す「光線」と、生涯にわたり影響を及ぼし続ける「光線」があるとされています。要するにこれは数秘術の2つの基本原理を模倣したものであり、性格を形作る人格数と人生を方向づける運命数（ライフパス）に相当します。

古代から現代へ

グルジェフもアリス・ベイリーもチベットの秘伝の教えを西洋に持ち帰りました。つまり数秘術は、古代の東洋思想と秘密結社の流れをくんでいるのです。グルジェフのエニアグラムは広く受け入れられ、現在でも心理学の類型論で使われています。

　現代の数秘術師は個人だけでなく企業を
クライアントとすることもあります。本当の自
分は何者なのか、今後の人生はどうなるのか
という点に関心を抱く人はたくさんいます。
数秘術のリーディングはそういった疑問にヒ
ントを与え、人間関係を理解する助けとなり
ます。

　クライアントが企業の場合も、たいてい個
人と同じような質問が出てきます。数秘術
を通じて、それまで思いつかなかった意外な
選択肢や可能性が明らかになり、視野を広
げることができます。また、人事担当者が職
務にふさわしい人材を選ぶ際に、数秘術を
活用してもよいでしょう。適材適所を見抜く
ことができれば、誰にとっても働きやすい職
場になるはずです。

エニアグラム

ギリシャ語で「9の図」を意味する言葉で、文
字通り九角形をしています。数秘術でもとり
あげられる「9つの性格」を説明するのに使い
ます。

普遍数

　普遍数とは数秘術で使われる基本的な数のことで、1から9までの数に「マスター数」と呼ばれる11と22を加えたものです。さらに、生年月日を表す2ケタ以上の数には位取りに0（ゼロ）が関わってくるため、0の影響も含めて考えます。

　2ケタ以上の数はそこに含まれる数字をすべて足していき、必ず1から9までの1ケタの数に還元します。こうして算出した普遍数を運命数（ライフパス）、人格数、ハート数にあてはめていく方法をのちに解説します。この三つ組の数は誰にでもあります。しかし、それぞれの数が象徴するエネルギー（波動）を自分がどのように表現しているのかを知るには、まず数秘術の基本ツールである11個の数字について理解しなければなりません。

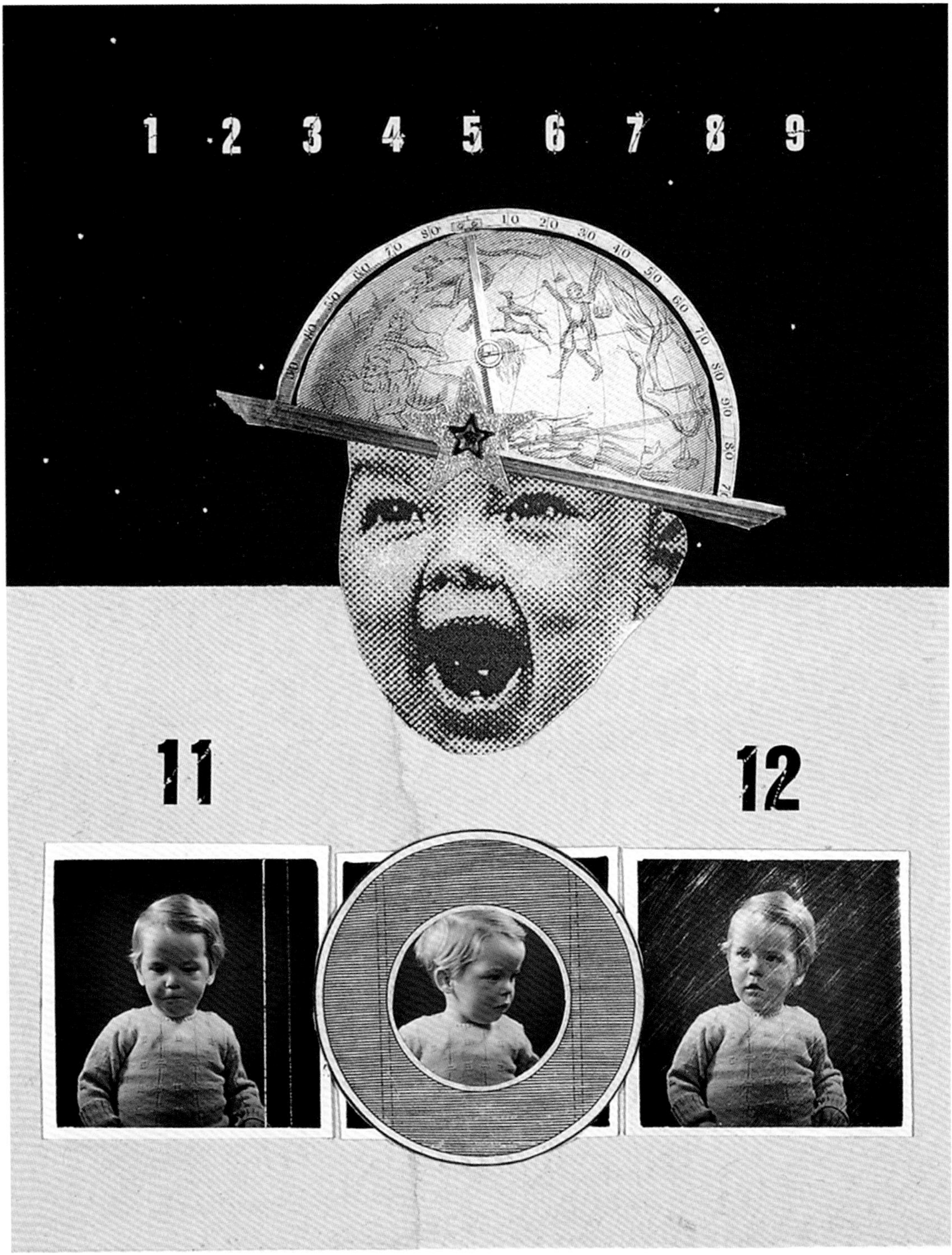
1 2 3 4 5 6 7 8 9
11
12

普遍数とは

C. G. ユング
ユングが心理過程を説明するのに
使った用語の多くが、日常の言葉に
取り入れられ、定着しています。

ス イスの精神科医で心理学者のカール・グスタフ・ユング（1875-1961）は、あらゆる文化に共通して見られる純粋な形のイデアを「元型」と名づけました。そのような観点からすると、普遍数とは元型すなわちイデアを表すシンボルであり、何らかの信仰体系や宗教を信じている人なら、そこに事物の根本性質が含まれていることに気づくでしょう。たとえば数字の「1」の純粋な本質は、清らかな川の流れのような

形で表れます。人がさまざまな経験を経るなかで1の本質の表れ方がどれほど変化しようと、本質そのものは決して変わりません。

　まず一つひとつの普遍数について、詳しく見ていく必要があるでしょう。普遍数によって性質はさまざまに異なりますが、そのすべてが1人の人間の生涯で表現しつくされることはありえないからです。人は誰しも普遍数という根本原理を運命数（ライフパス）やハート数といった形で一通り持ち合わせているのですが、逐一把握しているわけではありません。

　自分の性格や能力のある部分は伸ばし別の部分は否定するという態度を、わたしたちは幼い頃から日常生活を通じて身につけていきます。数秘術を使って、ネームチャートに普遍数が現れる箇所とその数字の性質に着目すれば、それまで否定してきた側面を再発見することができるでしょう。ただし、その前にまず普遍数が持つ性質を知っておかねばなりません。

数字を通じて自分を知る

　自分にとって意味のある数字を記録しておくと、その数字による影響を調べるのに役立ちます。電話番号でさえ何らかの作用を及ぼしていることがあるのです。子どもの頃

に仲良しだった人のチャートを作成したら、相性の良さを裏づけるような数字がよく出てきたとか、現時点でうまくいっていない相手のチャートに、やけに目につく数字があるといった場合もあります。ただし、そういった数字は自分や相手の性格はこうだと決めつけているのではなく、人間の性質というものがさまざまな形で現れることを示しているのです。

　普遍数の解説にあたっては、その数の波動の特徴がよく分かるような生き方をしている著名人を例にとることにします。根本的な性質は同じでも人によって現れ方が異なり、場合によっては驚くほどかけはなれて見えるということが分かるでしょう。また、人を根底から突き動かす動機や欲求は容易に見抜けないものですが、それを解明するのにも役立ちます。

太陽

「天空の主」と
呼ばれることもあります。
太陽系の惑星は
太陽を中心に回っています。

普遍数1—パイオニア

1は数列の最初にくる数であり、新しいもの、未経験の出来事、新鮮さを表します。最初の奇数であり、男性性と外向性を帯びています。個人の発達段階としては人生のスタート地点に相当し、何をするにも意欲的であり、心躍らせて雄々しく立ち向かっていきます。また、ギリシャ・ローマ神話の英雄であり、黄金の戦車で大空を走る太陽神アポロを象徴する数字でもあります。夜明けがくるたび、アポロは鳥たちの鳴く声に迎えられ、意気揚々と空に昇って夜の闇を蹴散らします。アポロは太陽の運行をつかさどることで1日を区切っており、太陽が西に沈むとともに地下世界に入っていき、次の日の朝には生まれ変わった太陽とともに再び東の空から現れます。

「私の名はボンド…」

ジェームズ・ボンドは典型的な
1のヒーローで、勇敢で集中力があり、
パワフルです。007シリーズの初期の
作品でボンド役を演じたショーン・
コネリーも、1を運命数に持っています。

ジョン・レノン

創造性豊かでパイオニア精神あふれるミュージシャン、
ジョン・レノンには、1の人に共通して見られるように、
押しが強くて精力旺盛な面もありました。

チャーリー・チャップリン

オリジナル・キャラクターの路上生活者
「トランプ」を演じることで、
チャップリンは自分の個性である
1の人らしい性質を表現しました。

普遍数 1

基本原理	男性性。陰陽の陽。活性。万物を生む第一原因。種子。誕生。イニシエーション。アルファ（ギリシャ語アルファベットの第1字）。1という数は、その数自体で割っても掛けても1のままです。宗教の世界では、主なる神、すべてを超越した一者、モナド、三位一体の神、ヤハウェを象徴します。
心理機能	個性、自立心、目的意識、強さ、独自性、選択と意思決定
高次の性質	個性化、自分らしさ、自己主張
様　相	行動
エレメント	火
支配星	太陽
人物像	勝者、皇帝、王。
著名人	「喜劇王」チャーリー・チャップリン。女性初の英国首相マーガレット・サッチャー。元ビートルズのジョン・レノン。「ジェームズ・ボンドといえばこの人」と言われる俳優のショーン・コネリー。

1の人の特徴

1の人の性格
1の人には
周囲の人に影響を及ぼし、
動かす力があります。

1の人は思い切りがよくて単刀直入です。創意工夫に富んでおり、妥協せずにユニークな個性を発揮するためには、束縛が少ない自由な環境が適しています。単純素朴な性格なので、自分とは違う物の見かたをする人がいるとは夢にも思わず、子どものように無鉄砲にふるまいます。目新しいことに積極的に飛び込んでいく姿勢が1の人の魅力であり、他人をひきつけてやまないのです。

1の人にとって、どんなプロジェクトでも着手したばかりの頃が一番面白く、自分の発案したことも毎日続けているうちに飽きてきて、我慢できなくなります。バックアップ態勢を整えて周囲の人がきめ細かく対処すれば、うまくいくでしょう。1の人にはリーダーの素質があるので、そういう条件が整えば企業のトップになるのも夢ではありません。金銭欲や権力欲におぼれることなく、生来の自尊心を大切にして仕事に打ち込めば、きっと成功するでしょう。

1の人の中でも特に野心的なタイプを「アルファ型」といいます。大胆不敵で、生まれながらのパイオニアです。最前線に立ちたがり、やりがいのある大きな仕事ならいつでも受けて立つ気でいます。フットワークが軽く、「思い立ったら即実行」がモットーです。

やる気満々で活動的

1の人は決断力と行動力に優れ、度胸があって、周囲の状況や他人の思惑をものともせずに突き進みます。このような性格は人と競い合う場面では役に立ちますが、団体スポーツなどに参加する際にはトラブルの元になることも。1の人は個人主義の傾向が強いため、団体行動は苦手なのです。自分より能力の劣る人を指導するのに向いており、人を

励まして不安を克服させることが得意です。

　感傷にひたったり、過去にとらわれたりすることはありません。背水の陣を敷き、新しい冒険に乗り出す方が好きなのです。内心では警戒を怠らず、ひそかに闘志を燃やしています。活発な意見交換を楽しみ、時には議論そのものが目的になることも。負けず嫌いで、辛らつな言葉が口をついて出ることがあります。「虎穴に入らずんば虎子を得ず」ということわざがありますが、その作者は1の人だったに違いありません。

個　性

1はすべての始まりを意味することから、1の人は自分を特別な存在だと見なす傾向があります。1の人に目立ちたがり屋や個性的な服装の人が多いのはそのためです。

陰陽
中国思想で使われるシンボル。
男性原理と女性原理が
完璧に調和している状態を表します。

普遍数2—パートナー

2は数列の2番目にあり、自他の区別がつきはじめる段階に相当します。母親から離れる時期ですが、母とのきずなをまだ恋しがっています。そこで2はソウルメイトである1を探し求めることになり、またしても1は人生の中心を占めることになります。2は偶数なので女性性を帯びており、大切な相手と一つになりたいという欲求を表します。2は神話のヒロインを象徴する数です。その例として、太陽神アポロと双子の月の女神、アルテミスが挙げられます。狩りの名手で、三日月形の弓を持ち、人間と動物の子どもを守護します。この女神から人間への贈り物は、夜空に光る月です。アルテミスは日々移り変わる月の満ち欠けでひと月をはかり、潮の干満をつかさどります。

アデル
アデルは典型的な2の人で、
自らの人間関係の経験を
歌詞に活かしています。
彼女は愛と喪失について歌い、
何百万人もの人の心を
ぐっとつかみました。

月
古代の人々は、月は女神とその女性原理の
象徴であると考えました。

ジャクリーン・ケネディ・オナシス
この有名な2の人は2回結婚しましたが、
いずれも相手は超大物でした。

普遍数 2

基本原理	女性性、二元性、ゆらぎ。2は受容力や受動性の象徴です。正反対のものがひかれあって一つになる「陰陽」や「神秘の結婚」。分離・対照・和解を知ることでわき起こる神との合一への欲求。生命を産む母なるエネルギー。想像力、内省、直観。
心理機能	協調性。人間関係。バランス。分別。正義感。
高次の性質	愛情あふれる知恵、無条件の愛、実りの豊かさ。
様相	周囲に配慮してふるまう。
エレメント	水
支配星	月
人物	チームプレーヤー、パートナー、人生の伴侶
著名人	2人の超大物(アメリカの大統領とギリシャの海運王)の妻となったジャクリーン・ケネディ・オナシス。ソウルシンガーのアデル。

2の人の特徴

内なる調和
2はバランスと心の平安を象徴する数です。
これを実現するための伝統的な技法に
ヨーガがあります。

感情を優先して物事にアプローチします。思いやりがあり、他人の立場に立って考えます。知性と直観のバランスがとれているため、創意工夫に富んでいる印象を与えます。最大の関心事は他者との関わりにあり、人間関係を通じて自分自身を定義します。人生で一番大切なのは愛だと思っています。

2の人は周囲の人々が求めていることだけでなく、世界全体の問題にも敏感です。そのため、エコロジーや自然保護、社会問題に関心を寄せることがあります。社会的弱者や体の不自由な人の世話をするのが得意です。争いが嫌いな平和主義者で、どんな場面でもことを荒立てず穏便にすませようとします。

2の人はチームプレーに向いています。まるで予知能力が備わっているかのように、ゲームの展開を読んで先手を打ちます。ただし、何より大切なのはグループでの活動に参加することであり、ゲームの勝ち負けは二の次です。先を見通す能力は仕事面でも役に立ち、お金がからむ交渉を有利に進めることができます。2の人はハードワークをものともせずに打ち込みつつ、自分が所属するグループやチームで何か困ったことはないかと常に配慮をおこたりません。

縁の下の力持ち

2の人はパワフルな上司のもとで働く方が性に合っています。このように傍観者タイプの人は状況分析に長けており、忙しいリーダーが全速力で突き進むときに見落としがちな点によく気づきます。また、仲裁のうまさは天性のものです。子供同士のけんかに始まって大企業の役員会の紛糾に至るまで、あらゆるレベルでその場を丸く収めることができます。

周囲の人の気持ちや要求に敏感なあまり、優柔不断になってしまいがち。人の気持ち

を傷つけることをとても苦痛に感じるタイプ
です。ある人を差し置いて別の人を役職に
つけたり、会社が経営難に陥ったとき従業員
の中からリストラ要員を選んだりするのは、2
の人には負担が大きすぎるかもしれません。

　結婚生活やパートナーシップを円満に続け
ることは、2の人にとって難しくはありません。
一方、独りきりの時間を過ごしたり、世捨て
人のような孤独な道を行くのは苦手です。
そういう意味では、健康のために瞑想をする
とよいでしょう。情緒を安定させて精神的に
強くなるためには、内面の調和とバランスが
必要なのです。

はかりにかける

2の人は利点と欠点を比較検討したがります
が、決断を下すのは苦手です。おそらく理性
の声に耳を貸したがらないからでしょう。

おとぎ話
3は昔話によく出てくる
数字です。

普遍数3―伝達者

3という数は、陽を表す1と陰を表す2の結合から生み出されることから、二項対立の緊張関係からわき起こる創造への衝動を象徴します。奇数であるため男性性を帯び、外向的な性質を持っています。おとぎ話の世界には3のモチーフがよく出てきます。たとえば、呪文は3回唱えなければなりませんし、質問は3回繰り返され、ベルは3回鳴ります。3はキリスト教の三位一体の神や古代宗教の神々の世界を象徴します。3の人には創造・維持・破壊の力が備わっています。地球が太陽の周りを回るのにともなう季節の移り変わりとも結びつけられています。また、3は太陽・月・地球の三位一体を意味し、宗教的なイメージが重ねられることもあります。たとえば古代エジプトでは、オシリス、イシス、ホルスという神の一家を象徴する数字とされていました。

エド・シーラン
エド・シーランは3の数字の持つ
軽さとナチュラルさを体現しています。
彼はまだ10代初めだった頃に
キャリアをスタートさせました。
彼は常に楽曲がダウンロードされる
歌手の一人です。

孔子

儒教の始祖。
「中庸」という
第3の道を説きました。
自分の思想を広めたい
と願うのは3の人の
特徴です。

チェルシー・クリントン

有名な家庭の長女である彼女は3の数字を
持っており、テレビのジャーナリストとして
働いていました。今では両親によって
クリントン財団の副会長に任命されています。

普遍数 3

基本原理	神の子。1と2（父と母）の結合による創造。三位一体。拡大と生成。寛容、楽観、熱意、歓喜。知性と行動力の両立。ユートピアを夢見る理想主義者。希望にあふれ、前向きで楽天的。豊富さ。創造性。
心理機能	コミュニケーションの欲求。心の動きを重視した自己表現。
様相	話すこと
エレメント	風
支配星	土星
人物像	コミュニケーター、講師、牧師、ダンサー、コメディアン
著名人	古代中国の思想家、孔子。俳優のジョン・トラボルタ。シンガーソングライターのエド・シーラン。活動家のチェルシー・クリントン。

3の人の特徴

多芸多才
3の人は心と体を
連動させるような
活動が大の得意です。

3の人は心の動きを重視して物事にアプローチします。カウンセラーやアドバイザーに適しており、善良・堅実・常識的な知恵ときちんとした根拠に基づくアドバイスを上手に組み合わせます。前向きで陽気な性格であり、面白い話やジョークを口にして周囲を沸かせます。

好奇心が旺盛で、何にでも興味を持ちます。教師としての資質があり、特に子どもを教えるのに向いています。子どもの興味を引き出し、想像力をかき立てることができるからです。3のイメージそのままに、いくつになっても子どもっぽく、周囲の出来事に対して驚

きの念を失わないように見えます。

コミュニケーションの欲求が強いことから、ジャーナリズムや情報産業の仕事につく人がよくいます。数学や音楽の才能にも恵まれていますが、作曲するより演奏する方を好みます。理詰めで考えるたちなので、考えをまとめるのには苦労しません。経験を重んじ、何か問題が起こると具体的な解決策を見つけ出そうとします。長い間じっとしているのは嫌いで、せっかくならためになることをしようと、しょっちゅう動き回っています。

人生をめいっぱい楽しむ

3の人は楽天的。楽しいことが大好きで、おおらかな性格です。明日になればまた新しい1日が始まり、新たなチャンスがめぐってくるだろうと考えます。社交的で付き合いがよく、気さくです。エンタテインメント業界には3の人がたくさんいます。ダンサー、物まね芸人、俳優に向いているのです。奇数全般に言えることですが、3の人は外向的で、人見知りしません。エネルギーのレベルが高いため、元気がありあまっていて、周囲の人を疲れさせてしまうほどです。

1の人と同じく、3の人も自分から積極的に物事を進めていくタイプなので、人に仕えるよりも人の上に立つようなポジションにつ

くとよいでしょう。自由な環境であれば、3の人は積極的にアイデアを出します。異色の会社員として能力を発揮する人もよくいます。

　スピリチュアルな面では、型にはまらない信仰に興味をもちます。あれこれとかじってみた末に、かなり高度な信仰体系を独自に生み出すこともあります。伝統的な宗教の枠組みの中で活動している場合でも、巧みな説教と鋭いインスピレーションによって信徒の人々の視野を広げ、従来の教えの中でもまだよく知られていない領域に意識を向けるよう促すでしょう。

三位一体を象徴する数

3の人はユーモアのセンスに優れているため、軽佻浮薄に見られがちですが、哲学、神秘主義、宗教といったテーマにも関心が深いのが特徴です。

地球

わたしたちのふるさとである地球は、
安定していていつも確かに
存在するものを象徴しています。
地球はニューエイジ思想のシンボルです。

普遍数4—建設者

4は考えをまとめ、確固とした形にします。物質的な次元での境界や限界を表す数です。4に象徴される力が作用しなかったら、数々のアイデアが煙のように消え失せてしまうでしょう。今ここにあるような現実世界も存在しなかったに違いありません。4は実質、緻密さ、細心さを表す数なのです。4を代表する例として、旧約聖書にあるノアの物語が挙げられます。神は大洪水を起こしてこの世界から悪を一掃しようと考え、それに先立って少数の善人と罪なき動物たちを救うため、ノアに箱舟の造り方を教えました。ノアが箱舟に乗せて救った者たちはみな、その後繁栄して地に満ちたので、地上はかつての美しさと豊かさを取り戻したのです。

普 遍 数 4	
基本原理	物質界。現実。固体。正方形と立方体。構造。考えを形にする。芸術的な才能を発揮。政治の世界で活躍。実用重視。ストイック。整然と秩序立てる。信用できて頼りになる。論理的な考え方。科学。人間の4つの機能（肉体・感情・知性・霊性）。東西南北の4方位。
心理機能	自制。他人とは距離を置く。一人ひとりの個性を認める。
様相	不活発
エレメント	地
支配星	地球
人物像	科学者、彫刻家、農業従事者、園芸家、技術者、建設業者
著名人	ローマ皇帝のユリウス・カエサル。マイクロソフト社の創業者ビル・ゲイツ。

ユリウス・カエサル

ローマ帝国を拡大・統一した
皇帝であり、優れた軍人でした。

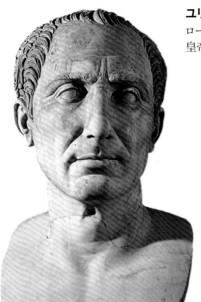

羅針盤

東西南北の4つの方位点は旅人や
探検家に方角を示し、
旅の安全を守ります。

ビル・ゲイツ

このコンピューターの天才は
4の人の特性を活かしてアイデアを
形にし、マイクロソフト社という
一大帝国を築きました。

35

4の人の特徴

伝統的な家族観
社会の基本単位として古くから確立されている
「家族」は、4に特有の安定したエネルギーが
形をとったものです。

4の人は何ごとにも細心の注意を払って取り組みます。あらゆる人間関係をはかりにかけ、比較検討したがります。恋愛の相手には投資を惜しまず、相応の見返りを期待します。お金には慎重で、散財することはありません。

4の人は疑問に思う気持ちを基本姿勢としています。額面通りに受け取ることは決してなく、決断を下す前にあらゆる可能性を試してみようとします。たくさんの人にちやほやされるよりも、一匹狼でいたがります。考え方がしっかりしていて自立しているので、

周りから浮き上がっているような印象を与えますが、孤独を感じることはめったにありません。不毛な付き合いで時間を無駄にするくらいなら、独りでいる方がましだと思っているのです。

4の人は時間の使い方がうまいので、周囲の物事の進み具合が遅く感じられます。将来の予定を立て、絶妙のタイミングで実行に移します。事の成り行きを冷静に見守るタイプであり、「時機を待つ」というのがモットーです。長時間のゲームをプレーするのに向いており、はしごを一段ずつよじ登るように着実に進み、最終地点にたどりつきます。

低速車線を走る

4の人は自分を頼ってくる相手のためならせっせと働きます。とっつきやすいタイプではありませんが、いったん親しくなると誠実に尽くします。世の中をよくしたいと考え、社会変革の理想を抱く人もいます。ところが、頭が固く、柔軟性に欠けているため、自分の考えが古いことに気づかない場合もあります。

4の人は現実的で、地に足が着いた生き方をします。勘に頼ろうとはせず、実際に五感を働かせて物事を判断します。実務能力が高くて几帳面なので、安定した基盤のある堅

実な職業なら、業種を問わず十分に実力を発揮できるでしょう。

　4の人は責任と義務という古風な価値観に従って生きようとします。そういう意味では弁護士に向いており、軍隊に入ってもうまくいくでしょう。古くから培われてきたものを脅かす敵があれば、命をかけても守ろうとするからです。4の人にとっては親になることも非常に大きな意味があり、責任を持って上手にこの役割を果たします。

友だち思い

長年の友情を維持するのに手間暇をかけることをいとわないため、4の人は忠実なよき友になります。意外に創造的で情熱的な一面もあります。

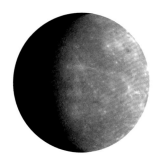

水星
知性と自由な発想をつかさどる惑星です。
5の人は水星の影響下にあるため、
口が達者で抜け目のないやり手です。

普遍数5─自由人

5という数字を支配している四大元素のエーテル（風）には、物質の世界を超越した次元からこの世の物事に作用し、動かす力があります。エーテルは聴覚・触覚・視覚・味覚・嗅覚の五感と、脳・心臓・肝臓、肺、腎臓という五つの器官に関わっています。手と足の5本の指とも結びついています。5は自由の数字であり、理想を探求する人生を象徴しています。聖書に登場するモーゼがその例です。彼は神の助けを借りて、バビロン捕囚からヘブライ人を解放しました。その後ヘブライ人は神の言葉に従って新たな王国を作ったとされています。

普 遍 数 5

基本原理	活発。創意工夫。創造性。外向的。知識欲。師弟関係。多芸多才。好奇心旺盛。活き活きとしている。柔軟。社交的。順応性がある。変化に富む。身体、感情、知性、霊性といったあらゆる次元で自由であろうとする。情報伝達力に優れている。
心理機能	充実した人生を送りたいという欲求。万人の自由の権利を守ろうとする。
様相	想像力
エレメント	エーテル（風）。もっともとらえどころがなく、日常とはかけ離れた元素。
支配星	水星。市場の動きをつかさどる。
人物像	作家、詩人、幻視家、冒険家、発明家、理想主義者
著名人	アメリカ合衆国の初代大統領ジョージ・ワシントン。生物学者のチャールズ・ダーウィン。コメディアンのジョン・クリーズ。神智学の創始者ブラヴァツキー夫人。女優のアンジェリーナ・ジョリー。

アンジェリーナ・ジョリー

アカデミー賞を受賞した女優です。
彼女は人道主義者であり、難民の擁護と
保護活動を通じて賞を受賞しています。

ブラヴァツキー夫人

5の人には幻視家が多いといいます。
神智学の創始者であるブラヴァツキー夫人も
5の人です。神智学とは東西の宗教思想を
融合させた信仰体系です。

自由な精神は教育から

5の人は大人になっても向学心を失わず、知的探求を続けます。

5の人の特徴

学習意欲
5の人は何にでも興味を持ちます。
飽くなき知識欲のあかしとして、終了証書を
次から次へと手にすることになるでしょう。

5の人は根っからの冒険好き。リスクを恐れないギャンブラー気質です。生まれながらの楽観主義者であり、ここぞというときに全力投球できるので、たいていのことはうまくいきます。お金のことにかけては、5の人には二面性があります。お金にだらしがなくて無頓着かと思うと、抜け目がないところもあります。何かにつけて矛盾が多いのが、5の人の特徴です。

このように二面性を持っていることから、人生の半ばまではずっと一つの職業に従事していたのが、急に方向転換してまったく別のことを学び直し、両方の分野で成功を収めることがあります。正真正銘の実力者として

世間で通用しているうちに、あちこちにつてを作っておくことができるのです。

頭の回転の速さは他の追随を許しません。電光石火のひらめきを発揮し、一瞬で決断を下します。ただし、5分もたつと正反対のことを言い出すのが唯一の欠点です。ぐずぐずするのが嫌いで、バスを待ったりするのは辛抱できません。

知は力なり

5の人は目新しいアイデアを次々と吸収します。いつも若者たちと触れ合い、彼らの文化に親しんでいます。5は若手のリーダーやトレーナーには縁起のよい数字です。5を持つ人は何か新しいことが起こったとき、自然に共感できるからです。

5の人には高等教育の教師や講師が多いようです。政治学、人権、情報公開、コンピューターなどを専門分野にする傾向があります。学ぶことでさまざまな可能性が開かれると考えており、すべての人に教育の機会を与えるべきだと主張します。感情面の問題やその意味にはあまり関心がなく、観念の世界や知的な探求に触発されます。動き回っていることが好きですが、何より心をひかれるのは、ちょっとした旅行に出かけたり、テンポの速い大都市で生活すること。都会で繰

り広げられる文化活動や大勢の人の耳目を集める時事問題には、とりわけ強い関心を寄せます。

　5の人の心には「自由」の文字が刻み込まれ、ダイヤモンドのように永遠不変の輝きを放っています。思想と行動の自由が万人に保証されることを目指して戦います。これが合衆国憲法の条文のように聞こえるのも無理はないことで、実はアメリカの独立記念日である1776年7月4日の数字をすべて足すと5になります。また、初代大統領のジョージ・ワシントンも5の人でした。

脳　の　力

5の人が健康を保つ秘訣は、学問をし、本を読み、人と話すこと。絶えず刺激を受けていれば、脳の灰白質は活発に働き、楽観的に考えることができるでしょう。

金星
愛と美、
芸術と奉仕の惑星です。

普遍数6—奉仕者

6は数列のなかで、他人を配慮することが自分の欲求を満たすことと同じくらい重要だと気づく段階に相当します。6は2という偶数と3という奇数を掛け合わせてできる数です。また、人当たりのよさを象徴する3の倍数であり、その波動が2倍に増幅されることから、6はたいへん社交的な数で、どの数とも相性がよいとされています。6のエネルギーがよく表現されている神話に、ヘラクレスが成し遂げた12の功業の第5番目「アウゲイアスの牛小屋掃除」があります。アウゲイアス王は巨大な牛小屋に自慢の牛たちを飼っていましたが、その小屋は何年ものあいだ掃除されず、糞尿が溜まっていました。国中を苦しめる疫病の原因とも言われるほど不潔で、是が非でも清掃しなければなりません。そこでヘラクレスは付近の川の流れを変えて牛小屋に引き込み、汚物をいっぺんに洗い出しました。こうして辺り一帯が浄化され、国に平和と健康が戻ってきたのです。

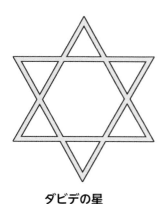

ダビデの星
2つの三角形を組み合わせた図形です。
上向きの三角は天を、下向きの三角は地を表します。
至高と根源の融合を象徴しています。

芸術家
芸術的な才能を用いて
感じたことを表現するという意味で、
画家は6の性質を体現しています。

デイビッド・アッテンボーロー

デイビッド・アッテンボーローがつくる番組は世界中の野生動物の保護を促進しています。彼は典型的6の人といえるようなスタイル、すなわち環境への配慮とサバイバルへの挑戦を通して、地球上の植物を扱っています。

ダンサー

6の人には、自分の体を使い、健康と美を追求しようとする人もよくいます。

普遍数 6

基本原理	神が創造に費やした日数。人間と神との合一を象徴する六芒星。創造性。芸術。生命のリズム。
心理機能	無私の精神を発揮する。
様相	セクシーでエロティック。駆け引き上手。
エレメント	地
支配星	金星。美、愛、平和、芸術、奉仕の星。
適職	芸術家、弁護士、外交官、ヒーラー。
著名人	国連の元事務総長コフィー・アナン。女優のブリジッド・バルドー。動物・植物学者でプロデューサーのデイビッド・アッテンボーロー。

6の人の特徴

芸術
6の人は芸術、美、色彩、
調和を通じて自分を表現します。

6の人は自分の能力を他人のために役立てたいと考えます。個人を相手に1対1で奉仕することもあれば、世のため人のために働くこともあります。温かく思いやりがある理想主義者で、行動の背景には社会に対する責任感と完璧な世界を作りたいという願いが込められています。完璧さを求めるのは、自分も他人も完璧ではないと知っているからです。健康への関心は非常に高く、ベストを尽くすには体が丈夫でなければならないと考えています。完璧な体を作るためのダイエットやフィットネスの方法に関心を寄せます。自分の健康を意識することで、身の回りの環境や友人、隣人たちのことも配慮するようになります。

6の人には地域や世界の平和、調和、正義のため、何らかの組織に属して活動している人がよくいます。世にはびこる不正と命を張って戦い、弱者に味方します。地のエレメントの影響から、実行力があって責任感が強いのが特徴です。

美と調和を愛する心

6の人はきわめて美意識が高く、身近なものに美しさを見出す天才です。芸術とは鋭い美的感覚を実地に表現する営みであり、6の人は美しい作品を作る意欲にあふれています。その創作意欲は鋭い美的感覚だけでなく、もの作りのプロセスにたずさわりたいという気持ちからも来ているのです。画家、イラストレーター、建築家には6の人が多く、美術評論家や美術史家にもよく見られます。6の人は多芸多才であり、絵を描く、スケッチをする、彫刻をする、文章を書くなどのさまざまな創作活動を1人でこなすこともあります。偉大な芸術作品を生み出すほどではないにせよ、自宅やオフィス、庭を美しい色彩でバランスよく飾りつけ、調和のある落ち着いた雰囲気に整えるでしょう。6の人は美しいもの

に夢中になりたがるタイプなのです。

　6の人は人間関係にも美と調和をもたらします。和を尊び、どんな争いも丸く収めようとします。また、恋愛を重視し、自分とつりあう相手を求めます。とはいえ、その相手にどっぷりはまるのではなく、パートナーとして対等に付き合います。洗練されたセンスと人当たりのよさから、付き合う相手には不自由せず、独り身になることはめったにありません。

ギブ＆テイク

6の人は公正さを重んじる性格なので、思い通りにギブアンドテイクができる関係に幸せを感じます。また、理想の実現に向けた努力を惜しみません。

スピリチュアリティ
ろうそくの炎には
内なる魂の状態が映し出されます。

普遍数7―夢想家

7はさまざまな宗教で神秘的な数とされています。人間の発達段階としては、個人の枠を超えてより大きな存在に目を向けはじめる段階に相当します。そのようにして神聖な世界を垣間見ることにより、新たな光に照らして経験を解釈し、それを裏づける思想を展開させる可能性が開けます。7という数字の性質を如実に表しているのが、聖書にある「ファラオの夢解き」の話です。ファラオが見た夢を解釈したヨセフは、豊作の年が7年続いた後に不作の年が7年続くと告げました。

普 遍 数 7	
基本原理	地球から見える7つの惑星。1週間を構成する7日。創世紀で神が休息をとった7日目。虹の7色。ユダヤ教で神聖視される7本枝の大燭台。人体のエネルギー中枢である7つのチャクラ。
心理機能	本質を追究し、真理に迫る。人と神とをつなぐ。
様相	活動的。抽象的な考え方をする。
エレメント	風
支配星	海王星
人物像	哲学者、科学者、教育者、著述家。
著名人	占星術師で予言者のノストラダムス。直観力に優れた科学者アイザック・ニュートン。ダイアナ妃。

星を見る者
占星術師が目にするヴィジョンは、
普通の人間が見ている現実を
はるかに超えています。

もう一つの現実
見果てぬ夢を追いかけるように、
7の人は物質界を超えた次元を目指します。

アイザック・ニュートン
この著名な科学者・数学者は
典型的な7の人で、神学の研究に
多大な時間を費やしました。
7の人は物事の本質を
探究しようとする
傾向があります。

7の人の特徴

哲学者
7の人はきわめて深遠な思想をもち、
それを世の中の人に伝えます。

7の人は物事を突き詰めて考える傾向があり、人間の本性について深く洞察します。理想主義者で、生まれながらの哲学者です。親切心があって、ロマンチストです。世間知らずなところがあり、情に流されやすくて涙もろく、時には浮世離れして見えることも。困った人を放っておけず、動物の苦しみにも無関心でいられないので、ソーシャルワーカーや動物愛護活動家になったり、菜食主義を実践したりします。誰もが平等で不正のない、理想の世界を夢見ています。

大勢でにぎやかに過ごすことは苦手で、独りでいることを好むため、おのずと意識が内面に向かいます。自立心があり、自分のことは自分でできるので、寂しさを感じることはめったにありません。孤独を好む性格とは裏腹に、繊細で感情豊かな一面もあります。他人の気持ちにとても敏感で、超能力を持っている人もいます。

理想主義者で夢想家であり、世の中の不正や悪を毛嫌いします。7の人の武器はペンならぬワープロで、世間の風潮に一石を投じようと数々の論文やエッセー、手紙をしたためます。言葉の使い方が独特であり、驚くほど独創的な詩や散文を創作する人もいます。複雑なイメージをつむぎ出し、魅惑的なおとぎ話を編み出す才能を持っています。

ニューエイジ思想との相性

7の人にはニューエイジ思想がしっくりきます。この世界を超えた神秘的なものにひかれる傾向があるからです。

7の人はヒーラー気質であり、ホリスティックなやり方で健康や医学の分野にアプローチします。高度な専門性と直観力を兼ね備えた科学者になる素質もあります。7の人にとって瞑想、断食、修行は日常生活の一部であり、ろうそく、天使のカード、お香が大好きです。人格神というよりも普遍的な原理のような存在を信仰し、人はみな自分なりのやり方で信仰する権利があるというのが持論

です。心を揺さぶる神秘経験を求め、生きる糧とします。未来を予言するような内容の詩や絵を創作することもよくあります。

7の人が観念的な物の見かたをするのは、物質の世界に興味がないからです。そのため、精神世界をさすらうヒッピーのような印象を与えることがあります。長距離旅行に縁があり、宇宙の神秘に驚嘆の念を抱きます。7は日常を超越したいという欲求をもたらす数なのです。

善 と 悪

キリスト教でいう7つの美徳と7つの大罪は西洋占星術の象徴として取り入れられ、7つの天体が持つプラスとマイナスの面に結びつけられました。

エリザベス・テイラー
女優として成功し、
エイズ撲滅キャンペーンの
資金集めに奔走する彼女は、
典型的な8の人。
共通の目標を達成するために
グループのまとめ役となることが、
8の人にはよくあります。

普遍数8—実業家

8という数はパワーの象徴です。自分で物事を立ち上げ、上手に発展させて高度なものにする力が備わっています。組織や構造、段取りなどの形式を重んじる数でもあります。きちんとした骨組みを作り、一定のリズムに沿って動かなければ、労力が無駄になると知っているのです。アイデアを形にする意志の力を表します。8にまつわる話に、ミダス王の物語があります。王は神に祈り、触れるものすべてが黄金に変わる力を授かりました。ところが最愛の娘に抱きつかれたとたん、彼女を黄金に変えてしまいました。そこでミダス王は能力を取り消して娘を元の姿に戻してくれるよう、神々に懇願したのです。

普遍数 8	
基本原理	立方体を表す。三次元の物質界に、4つ目の次元として時間を加える。永遠のシンボル。DNAの二重らせん。
心理機能	意志力と実行力に枠組みを与え、方向づける。
様相	ストイック。人の上に立つ。
エレメント	水
支配星	土星。時間とカルマをつかさどる。
人物像	大企業のCEO（最高経営責任者）、金融関係者、実利主義者、裁判官。
著名人	女優で慈善活動家のエリザベス・テイラー。歌手・女優・映画監督のバーブラ・ストライサンド。

水

水は8をつかさどる四大元素です。

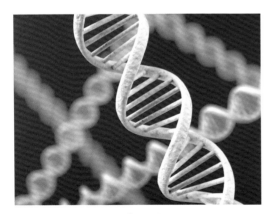

二重らせん

古来より八の字形はヒーリング力の
シンボルとされてきました。今日ではDNAの
分子構造を表す形として知られています。

審判

8の人は押しが強く、
仕切りたがるタイプなので、
裁判官に向いています。

51

8の人の特徴

法の守り手
8は決定を下し、
それを貫く能力を
象徴する数です。

内向的で控えめなタイプ。自分を信じ、辛抱強くまじめに物事に取り組みます。成功、野心、権威、リーダーシップが必ずついてまわるのもうなずけます。考え方は保守的であり、最先端の画期的なアイデアよりも伝統と実績ある方法を好みます。結論を出す前にじっくり時間をかけ、あらゆる選択肢を検討する慎重派です。

自分や他人のアイデアを実行に移し、関係各位に莫大な利益をもたらす能力が備わっています。ただ、責任感の強さから仕事を1人で抱え込み、他人に手出しさせない傾向があります。

8の人は誠実なので、約束を破ったりはしません。信義を重んじる気持ちが強く、生涯にわたりその姿勢を貫きます。

目標を達成するためなら、どんな困難にもくじけることはありません。プロジェクトを成功させようと、自分に課せられた責任以上に時間と労力をつぎ込もうとします。

8の人はたいてい下積みの仕事からスタートします。日々の勤めを地道にこなしながら、多少の時間をかけてもまっすぐに出世の階段を上がり、トップにのぼりつめます。教育の分野にたずさわる場合は、責任者として特定の部門をまかされることが多く、学部長などに任命されてその分野の教育全般を取り仕切ることもあります。

個人としての能力と公人としての生活

8の人は博愛主義者であり、社会問題は経済的な不安定から生じると考えています。世界各地の金融の中心地には8の人がたくさん集まっています。政治、マスコミ、情報通信など、華やかな仕事で活躍する才能もあります。

8の人は儀式や作法、伝統宗教の教義から安心感と確かさを得ます。宗教の世界で高い地位を占める素質があり、よき指導者になれるでしょう。

8の人は経験をもとに物を考え、実際に試

してみなければ信用しません。いちかばちか
の可能性に賭けてみることはめったになく、何
をするにも慎重です。ゲームでも人生でも、
参加するだけでは物足りず、勝たなければ意
味がないのです。消耗戦が得意なタイプで、
押しの強さを発揮して人々をまとめ、共通の
目標を目指して一致団結して戦います。

カヌート王の伝説

デンマークの王、カヌートは海より強いと自負
し、波を止めるようにと海に向かって命じまし
た。残念ながら海は命令を拒み、王と臣下め
がけて波が押し寄せたといいます。

9

容 器
9は1から8までのすべての数を
潜在的に含んでいます。

普遍数9—調停役
9は進歩の過程の終わりを示す数です。このサイクルはらせんを描き、1に戻ってそこからまた始まります。9は疲れを知らず精力的に動き回る数であり、変化の到来を察知します。他人のためになることをしたい、世の中の役に立ちたい、結果を気にせず戦いたいという欲求を表します。勝とうが負けようが9の人にとっては同じこと。ゲームに参加することが大切だからです。9のエネルギーがよく表現されているのが、ケンタウロス族のケイロンの神話です。彼は若い神々や英雄たちの教育係として、音楽、武術、医学、占星術を教えていました。不死身だったため、弟子のヘラクレスに誤って傷つけられたとき死ぬことができず、苦しみました。ケイロンは苦痛から逃れるため、神々から罰を科せられている人間、プロメテウスの身代わりに死のうと申し出ました。こうしてプロメテウスは地上に戻ることができ、ケイロンは空に上げられてケンタウロス座になったといいます。

ジュディ・ガーランド
9の人は
ジュディ・ガーランドのように
パフォーマーに向いており、
特に映画の世界で成功します。

炎
9という数を
つかさどるのは
火の元素です。

チェ・ゲバラ
この革命家は、9の人の
特徴である理想への
情熱を体現しました。

普 遍 数 9

基本原理	9には1ケタの数がすべて含まれています。9に他の1ケタの数を足して単数変換すると、必ず最初に足した数と同じになります（試してみましょう）。9は完成と終了を象徴します。運命の輪が一回りした後、新たなサイクルが再び始まります。人間の妊娠期間は9ヵ月です。ギリシャ神話のミューズは9人の女神たちからなります。9は1ケタの数では最大であることから、もっとも洗練されていて進歩した数だといわれています。
心理機能	控えめ、自制、無私。
様相	行動
エレメント	火
支配星	火星。軍神マルスの星である。
人物像	改革者、人道主義者、自由の闘士、理想主義者。外科医、精神科医。
著名人	歌手でエンターテイナーのジュディ・ガーランド。ヴァージングループの創始者で起業家のリチャード・ブランソン。革命家のチェ・ゲバラ。

55

9の人の特徴

戦士
理想のためなら
命を投げ出す覚悟でいます。

世のため人のために尽くす無私の精神の持ち主。時間、労力、才能や資金を気前よく提供するタイプであり、慈善団体で活動する人もたくさんいます。自然に我を抑えることができるため、役者に向いており、特に映画俳優は天職です。新しい役柄を演じるたびに、人生の知恵をまた一つ得るでしょう。9の人はこのような経験を進んで受け入れます。バランスがとれていて偏ったところがなく、おっとりとして心が広いのが特徴です。辛らつで狭量な態度に出ることは決してありません。有名人の思い上がった言動を笑い飛ばすのが大好きで、風刺ならお手のもの。とはいえ、逆に自分がからかわれても、絶対に根に持ったりはしません。人柄は鷹揚で、いやなことはさっさと水に流そうとします。

粗暴なふるまいをする人や意地悪な人がいると、黙って見ていられません。他人の利益を守るため、いざとなったら戦う覚悟でいますが、それも細心の注意を払い、十分に戦略を練った上でのこと。根っからの将軍タイプなのです。腕力よりも知力を武器とし、力の使い方が巧みです。

変化への情熱

9の人は現実に即した実用的な形で自分のアイデアを実現します。新しい国家や政府をつくるとなれば、長期にわたり懸命に働くでしょう。9の人は古い秩序を解体して新しいものを生み出そうとしますが、新体制がいざ始動したら、いつまでも踏みとどまって行く末を見守ろうとはしません。その頃にはすでに次の壮大な構想に目を向けているからです。

9の人には五感とそれが引き起こす煩悩に縛られない姿勢が、自然に身についています。ささいなことには深く首を突っ込まず、概念の世界や絶対的な存在がかもし出す高

邁で深遠な雰囲気にひかれます。辛抱強くて面倒見がいいので、教師に向いています。特にエンジニアリングなど、実用的なスキルを磨く分野がよいでしょう。

　いつまでも変わらぬものなど何もないと悟り、どんなことが起ころうと動じないのが、9の人の特徴です。多様性を積極的かつ柔軟に受け入れます。永遠不変はありえないのだから、変化に逆らってもろくなことはないと考えているのです。

母　性

妊娠中の女性は新しい世代の種子を胎内ではぐくみます。母親は子どものために自分を犠牲にしているのです。

マドンナ
この超大スターは11の人らしく、
パワフルな女性像という新しいイメージを作り出し、
世界中の若い女性のあこがれの的となっています。

普遍数11―幻視家

11は誤って2に還元されることがありますが、これは避けること。11は奇数ですが、分解・加算すると偶数になります。つまり、他の偶数と同じく受動的で内向的、引っ込み思案な性格ですが、奇数の外向的なエネルギーが根底にあり、それを自分なりの創造的なやり方で表現しなければなりません。11は魔術と神秘の数であり、高度に発達した第六感の象徴です。謎めいた水の元素と思索的な風の元素のように、正反対の要素が奇跡的に結合して生じる数です。普遍意識に根ざしており、霊的啓示をもたらします。イギリスのアーサー王伝説には、11という数の特徴をよく表す逸話があります。王に仕えていた魔術師マーリンは、知恵だけでなく予知能力も備えていました。国が統一されて平和な世の中になることを予知した彼は、アーサー王が王位につくのを助け、治世を支えたのです。

ドリームチーム
サッカーをはじめとする
団体スポーツには、1チーム11人で
構成されているものがよくあります。

ポール・サイモン

一度聞いたら忘れられない曲を作ります。
11の人なら共感を覚えるような、個人の枠を
超えた人類共通のテーマが描かれているのです。

ウィリアム王子

かつては英雄的な救命ヘリコプターのパイロット
でしたが、今では多くの王室の公務をこなし、
国王となるための道を歩んでいます。

普遍数 11

基本原理	11は数秘術で使われる2ケタの数（マスター数）のうち、最初にくる数です。特別な場合にのみとりあげられます。直観、予知、予言、霊感、真理、美、陰陽のバランスを表します。普遍的な正義の象徴でもあります。スポーツチームを構成するメンバーの人数です。
心理機能	高次の意識状態を洞察する。
様相	人生の意味を考える。
エレメント	水と風の混合
支配星	悟りをもたらす冥王星。
人物像	カウンセラー、叡智を授ける導師、霊能者、占星術師。
著名人	大物実業家で環境保護活動家のジェームズ・ゴールドスミス。シンガーソングライターのポール・サイモン。歌手・女優のマドンナ。王位継承者のウィリアム王子。

11の人の特徴

バランス
11の人は不調和な状態を
経験しているからこそ
調和を求めるのです。

セラピストや教師として働いている人が多くいます。一個人としては数々の困難に直面し、特に感情面で問題を抱えやすいでしょう。そのせいで人の役に立ちたいという理想が揺らいでしまうかもしれません。決断しきれずにいる人の背中を押してあげるタイプで、相手の目を開かせるような刺激を与えることもあります。

恋愛では有意義な関係を求め、パートナーに尽くします。11の人には他人の素質を見抜く力が備わっており、それがどんな素質であれ伸ばしていくよう励まします。ただし、その手の活動は仕事用にとっておき、パートナーには自分で決定を下す機会を与えてあげましょう。

11を持つ画家、作家、映画監督は、日常を超えた深遠な意味を織り込んだイメージを生み出します。神秘的な題材を使っていない場合でも、そこに込められたメッセージが奥深いことに変わりはありません。11の人は創造性と鋭いインスピレーションの持ち主であり、その作品は没後も後世の人を魅了し、喜びを与えながら、末永く受け継がれていくでしょう。

陰と陽

11は2のオクターブ高い数なので、2と同じくバランスを求めますが、この場合は平凡と非凡の間のバランスです。11の人は神経が張り詰めていて繊細です。そのため、物質の世界を超えた超自然的な領域に対する感受性が高いのです。11の人には勘が鋭くて受容力のある人が多く、ヒーラーに向いています。相手の思念体にエネルギーを通し、うまく交信できる人もいます。

11の人はこの世を超越した視点を持ち、人間のありふれた活動についても真の意味を直観で把握することができます。抽象的なレベルで物事を全体としてとらえ、本質を理解します。ハイヤー・セルフ（高次の自己）に導かれ、社会奉仕やヒーリングの仕事に従事する人も多いようです。

　11のキーワードは「啓発」です。内面で輝く叡智の光を、誰とでも喜んで分かち合おうとします。心理学やスピリチュアル思想の最先端にいる人に11の人が多いのはそのためです。世俗とは距離を置きつつ関心を失わないという稀有なタイプで、人を教え導くという11の人特有の能力はそういった性格からきています。

啓示の光

11は知恵の光をもたらす者の数です。人々が無知と偏見から道に迷うことのないよう、闇を照らす役割を担っています。

エックハルト・トール
彼の著書『さとりをひらくと人生はシンプルで楽になる』
によって、彼は「アメリカでもっとも有名なスピリチュアル
書籍の著者」とNYタイムズで評されました。
彼の運命数は22で、神秘的な思想を文章の中に
ふんだんに盛り込んでいます。

普遍数22—設計者

めったに出ないマスター数で、異色の人物に見られます。22は11の2倍のエネルギーを持っているため、良くも悪くもきわめて強烈な衝動につき動かされる傾向があります。創造をつかさどる火と濃密で安定した地のエネルギーが一体となっており、大聖堂やピラミッドの形で現れますが、これは星座のイメージを地上に移し変えたものです。22の性質をよく表しているのが、世界各地に伝わる創造神話です。そこには神々が天地をどのように着想したのかという説明がなされています。

オプラ・ウィンフリー
この司会者は22の人に
よく見られるように、
忍耐と内的成長を
モットーとしています。

普遍数 22

基本原理	2番目のマスター数。リーディングでこの数が出たら、4に還元しないこと。古くから「棟梁」の数とされてきました。ヘブライ語のアルファベットは22個の文字からできています。
心理機能	抽象的な考え方を具体化し、他人のために役立てようとする。創造性を発揮し、ハイヤー・セルフに意識を向ける。
様相	深謀遠慮
エレメント	火と地
支配星	変容の力を象徴する冥王星。
人物像	建築家、大規模な人道支援機関の設立者。大学の学部長。
著名人	俳優のクリストファー・リーブ。ガイア理論の提唱者で生態系生物学者のジェームズ・ラブロック。人気テレビ番組の名物司会者、オプラ・ウィンフリー。作家のエックハルト・トール。

カフラー王のピラミッド
ギザの3大ピラミッドの一つ。
古代エジプトの建築家の
才能を永遠に伝える遺物です。

22の人の特徴

火

火の元素は、もっとも高次の
心理機能である創造性と
直観に結びついています。

22は体現するのがもっとも難しい波
動を帯びています。ところが22の
人の大半は、かなり世俗的な次元で
作用する4の波動に従って、人生の大部分
を過ごします。中年以降にこのマスター
数のエネルギーを敏感に感じるようにな
り、それに反応しはじめる人もいます。

22の人は物事の本質や真理を突き止め、
宇宙をつかさどる運命の輪がどのように機
能するのか説明するために、独自の理論を展
開する才能があります。ただ、周りの人に理
解してもらえず、奇人変人だと思われてしま

うこともあります。22の人の発想は、他の
人がとうてい思いつかないとっぴなものや、
哲学や社会思想の最先端の概念で、まだそ
れを言い表す言葉がないようなものばかりだ
からです。

22の人は革命家ですが、荒っぽいやり方
ではなく、穏当で人道的なやり方をとろうとし
ます。自分のアイデアで他人の頭を殴るの
ではなく、心を開くよう仕向けるのです。22
の人は将来を真剣に考え、熱心に計画を立て
ます。性別や人種にこだわらず、誰にでも平
等に接します。実際に、階級制度を前にする
と、それがどんなものであれ解体しようとし
ます。

「棟梁」の数と国家元首の素質

22の人は政策決定のプロセスにたずさわ
る傾向があります。莫大な額のお金をうまく
扱う手腕があり、公共の福祉や教育に投入
しようとします。金融市場では持ち前の鋭
い勘を活かし、商品先物やオプション取引で
一山当てることができるでしょう。悟りと
「大衆」が中心となるアクエリアス時代に根
ざした理想を抱き、命をかけて実現しようと
します。

22の人は設計者タイプ。社会制度や企
業を新たに設立する際に、普遍的なビジョン

と実用的な対策をどちらも盛り込む手腕があります。今後社会で求められることを事前に察知する先見の明があるので、政治家にも向いています。

　現状を打破し、発展させる方法はないかと、22の人はいつも気にかけています。最先端の思想というのは物理学、心理学、生態学など複数の分野にまたがっており、境界線があいまいで、定義するのが難しいものです。22の人が役割を果たし、創造性を発揮する余地はそこにあります。11であれ22であれ、マスター数がリーディングで出るのはめったにないことを、よく心しておくべきでしょう。

ピラミッド

この壮大な建造物は、天国を地上に正確に再現し、宇宙万有の構図における人間の立場を思い出させるため、古代エジプトの建築家によって設計されました。

円
健康と統合の
シンボルです。

普遍数0─暗号を解く鍵 0は厳密に言えば数ではありません。数秘術で0を使わないのは、2ケタ以上の数はすべて9以下の1ケタの数に還元するからです。0はすべての数を潜在的に含んでいると言われます。個人の性格や今後の運命、魂の衝動を示す数ではありません。そのすべてを含んでいますが、どれか特定のものを意味するわけではないのです。0はアルファであると同時にオメガでもあり、始まりと終わり、全体とそれを構成するすべての要素を表します。神の名が0で象徴されるのは、あまりにも強大なパワーを持つために他の数では定義できないからです。神が創造したありとあらゆるものが、純粋で未分化な0の円の中に含まれています。0を表す円形の記号は精神のシンボルです。0を横に2つ並べると、無限大の記号になります。円は全体性と健康のシンボルでもあります。外界がカオスの状態でも、0の囲いの中にあるものはどれもみな安全に保たれるのです。

自 然
地球は自らを養い維持する
完璧なシステムであり、0が持つ
循環の性質が反映されています。

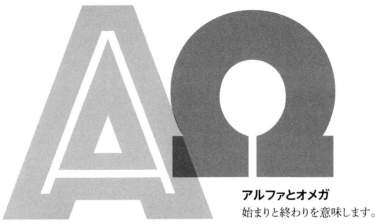

アルファとオメガ
始まりと終わりを意味します。

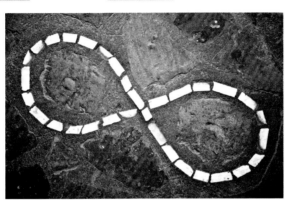

レムニスケート（連珠形）
古来より永遠を表すシンボルとされてきました。

普 遍 数 0

基本原理	まだ形になっていないエネルギーをはらむ器、椀、るつぼ。他の数と結合し、未知の力を生む。
心理機能	エゴを離れ、未知なるものへと意識を拡大する。
様相	永遠不変
エレメント	森羅万象の源となった「原初のスープ」
人物像	該当者なし。

0の特徴

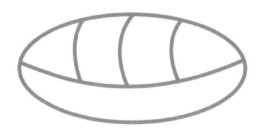

古代の数学者
マヤ文明の数学では
0の重要性が認められていました。

円は基本的な図形の一つであり、ゼロを表します。0には紀元1世紀の初めにさかのぼる興味深い歴史があります。今日の数秘術や占星術のもとになる思想を生み出した古代バビロニア人は、0の記号が発明される数千年前に各数字を書き表すシンボルを使用していました。0を最初に使いはじめたのはインド人であり、ヒンディー語では0を表すのに「無」ないしは「空」を意味する言葉を当てます。

のちにアラブ人が0をヨーロッパに伝えました。アラブ人は11、101、1001を区別するというように、数字と数字の間を分ける記号として0を使いました。したがって、すべての数は10個の記号、すなわち1から9までの数字とそれに0を加えた10で表現することが可能だったのです。また、中米のマヤ文明では紀元1世紀頃に数式の注釈で0が使われていました。

現代の科学技術では、コンピューターのプログラムを書くときの2進法に0が使われています。コンピューター言語はスイッチのオン／オフを切り替えるように、1と0で表されています。

2ケタ以上の数との関係

数秘術の基本ツールは1から9までの1ケタの数と、11および22のマスター数です。「ゼロ」と呼ばれるこの円形の奇妙な数字が魔術的な雰囲気をかもし出しているのは、精神世界や全体性と結びついているからです。0は一緒になる数の性質を帯びるという創造的な側面があります。たとえば、30は3という数に固有の性質を帯びているため、10や20とは質的に異なります。0は1、2、3という数に伴って、毎月10日、20日、30日に必ず現れます。1ケタの数に0が加わると、その数が本来持つシンボルにまた別の意味合いが加わります（各月の日付を表す数について、詳細はp.122-125を参照）。

名前であれ生年月日であれ、基本的な数のどれかに0が含まれる人は、他の数にはないエネルギーの次元にアクセスすることになるでしょう。0を持つがゆえに周りの人から

一目瞭然なほど、超越した世界と交信する能力に優れている人もいます。0は満月と結びついています。満月も円盤ないしは円形をしており、直観、感受性、霊感を象徴します。

満　月

西洋占星術では、満月は誕生日としては吉日です。満月に生まれた人は人気運に恵まれ、成功が約束されていると言われます。

人格数

　名前を呼ぶということは、その人を内なる自己とアイデンティティに結びつける行為です。　人格数は姓名をもとに算出する数であり、普遍数をどのようなやり方で自分なりに表現しているかを示します。　人格数を見れば、生まれつきの性格や人間関係の傾向、物の見方や行動パターンが分かります。　人格数はコアナンバーと総称されるさまざまな数の組み合わせからできています。

　よくある質問に「リーディングにはどの名前を使えばよいでしょう」というものがあります。出生届に記された名前には、魂がこの世に生まれた意味が数の波動として宿っています。そう考えると、出生時の名前をリーディングの出発点とするのがベストなのですが、結婚して姓が変わった人、芸名やペンネームを使っている人は、そちらも調べてみるとよいでしょう。ただし、後からつけた名前より生まれたときの名前の方を優先することをお忘れなく。

人格数の出し方

こで人格数の計算方法を紹介しますが、数学が得意でなくても大丈夫です。数秘術では難しいテクニックは使いません。すべての数を足していき、最後に1ケタの数字になるようにすればよいのです。

準備するもの

● アルファベットのブロック体（大文字）で書いた出生時の名前
● 以下の数字変換表

そのうちに文字と数字の対応がすべて頭に入ってしまい、表を見る必要がなくなるでしょう。

姓名を構成するアルファベットの各文字に対応する数（数価）を調べます。ここで注意しなければならないのは、Yの扱い方です。名前のどこに位置するかによって、母音になる場合も子音と見なされる場合もあるからです。ビリー（Billy）やメアリー（Mary）のように名前の末尾にあり、子音の次に来る場合は、母音と見なして計算します。ロイ（Roy）やメイフィールド（Mayfield）のように、「oy」や「ay」などの二重母音の一部となっている場合は、子音として扱います。たとえばBoylettyという名前の場合、最初のYは子音ですが次のYは母音です。無声音であれ有声音であれ、すべてのアルファベットを数字に変換して計算すること。

数字変換表

1	2	3	4	5	6	7	8	9
A	B	C	D	E	F	G	H	I
J	K	L	M	N	O	P	Q	R
S	T	U	V	W	X	Y	Z	

　数字を名前のアルファベットに書き添える際には、必ず母音は上に、子音は下に書きましょう。こうすれば後でカルマ数を算出するのが楽になります。数字をすべて書き出したら、その中に含まれていない数と、それとは逆に繰り返し出てきて目につく数を調べます。これらの数は性格の根底に潜むパターンを示しているため、その影響がすぐ表に出るとは限りません。意外な面が明らかになってためになることもあれば、かなりショックを受けることもあります。たとえば、1の人は外向的で押しが強く、率先して行動するタイプなので、ネームチャートに保守的な傾向を表す4が出た場合、そう簡単には受け入れられないかもしれません。

数字と文字から人を知る

自分自身や身近な人たちの名前を調べてみると、いろいろなことが分かってとても面白いものです。さっそく試してみましょう。

1	5	9	1	1	9

JAYNE LISA HARRIS

1	7 5	3	1	8	9 9	1

人格数

名前のアルファベットに数字をあてはめ、数秘術の計算方法を用いて人格数を出すことによって、今まで知らなかったもう一人の自分の姿が明らかになります。上に挙げた具体例にある数を、これから順を追って計算していきましょう。生まれ持った性格から今後の運勢に至るまで、一人の人間がたどる物語を数秘術ではどのように解き明かしていくのか、この名前を例として見ていくことにします。

Jayne Lisa Harris（ジェイン・リサ・ハリス）の例 ステップ1

まず、Jayneの母音数を足します。**1＋5＝6**

次に、子音数を足します。**1＋7＋5＝13**

さらに足し合わせて1ケタの数にします。**1＋3＝4**

最後に母音数と子音数を足します。**6＋4＝10**

さらに足し合わせて1ケタにします。**1＋0＝1**

Jayneの数は1という結果が出ました。

ステップ2

Lisaの母音数を足します。**1＋9＝10**

さらに足し合わせて1ケタの数にします。

1＋0＝1

子音数を足します。**3＋1＝4**

最後に母音数と子音数を足します。**1＋4＝5**

Lisaの数は5という結果が出ました。

ステップ3

Harrisの母音数を足します。**1＋9＝10**

さらに足し合わせて1ケタの数にします。**1＋0＝1**

子音数を足します。**8＋9＋9＋1＝27**

さらに足し合わせて1ケタの数にします。**2＋7＝9**

最後に母音数と子音数を足します。**1＋9＝10**

さらに足し合わせて1ケタの数にします。**1＋0＝1**

Harrisの数は1という結果が出ました。

最終ステップ

Jayne、Lisa、Harrisの数をすべて足します。

1＋5＋1＝7

Jayneの人格数は7という結果が出ました。

計算してみましょう
数秘術の計算は
とてもシンプル。
慣れれば簡単です。

人格数を計算する

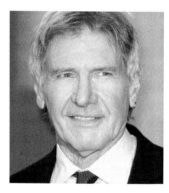

ハリソン・フォード
フォードは俳優として
世界的な成功を収めました。

こでは有名俳優のハリソン・フォード
を例として、人格数を計算してみましょ
う。まず名前に対応する数をすべて
足します。ハリソン（Harrison）＝ 1 ＋ 9 ＋ 6
（母音数）＋ 8 ＋ 9 ＋ 9 ＋ 1 ＋ 5（子音数）＝
48。さらにこの数を分解して足し合わせま

す。4 ＋ 8 ＝ 12 ＝ 3。したがって、「ハリソン」
の数価は 3 ということになります。

　次に、名前の残り半分を同じ手順で計算す
ると、フォード（Ford）の数価は 7 になります。
こうして出した姓名の数を合計すると、3 ＋ 7
＝ 10 ＝ 1 になります。したがって、ハリソン・
フォードの人格数は、英雄や開拓者を象徴す
る 1 という結果になります。

　フォードの初期の主な役柄は、ジョージ・
ルーカス監督の超ヒット作『スター・ウォーズ』
に登場する一匹狼のパイロット、ハン・ソロ
（Han Solo）でした。ハン・ソロの人格数を
計算すると 3 になります。3 は探検と拡大の
数であり、このキャラクターの性格がはっき
りあらわれています。これがフォードの当た
り役になった陰には、彼自身の人格数が英雄
を象徴する 1 であることも一役買っていたの
です。

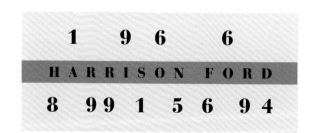

ステップ1
名前と対応する数字を
書き出します。

　数秘術の神秘的な側面はこのようなところにうかがえます。その人が何者なのかということが、名前からここまで明らかになるのです。成功を収めた人の場合、人格数とその人が果たす役割の数との間に矛盾がなく、よくかみ合っていることがほとんどです。つまり、自分の人格数が分かれば、ハリソン・フォードのように潜在能力を最大限に発揮することも夢ではありません。

　フォードは1の人の特徴であるパイオニア精神から、映画俳優としては初めて、出演する全作品の報酬として出演料の他に興行収入の一部を要求しました。そのおかげで巨万の富を得ることができ、億万長者としても有名になったのです。

ハン・ソロ

ソロという名前には人格数1の性質に通じるものがあり、この役柄がフォードにぴったりなのもうなずけます。

理想のカップル
1の人と2の人は
いつも一緒です。

人格数1と2その1

1と2は最初にくる2つの数であり、ペアとして機能します。1が持っているものは2にはないというように、補い合って定義し合います。1と2は対極にあり、どちらか一方が欠けても全体として機能することはできません。父と母を象徴し、これに続くすべての数は1と2の結合から生まれます。完成するためにお互いを必要とすることから、この永遠の探求をめぐって数々の神話や物語が生み出されています。

人格数1

1は奇数なので外向性を表し、活動的で活発で革新的な性格から周囲の人を元気づけます。生き生きとしていて、見るからに自信満々です。まだ見ぬ地平を求め、新しいことに思い切って飛び込んでいくたび強くなるタイプです。1の人は狩人、稼ぎ手であり、一家の大黒柱としての役割を果たします。古来の作法にのっとってあらゆる苦難に果敢に立ち向かった、中世の騎士のイメージです。

伝統を保持する者

2の人には
世界各地の工芸品を
集めている人がよくいます。

コレクター

人格数2は収集民タイプであり、
切手やミニカーなどの収集を
趣味にしている人がよくいます。

人格数2

2は穏やかで内向的であり、情にもろく、思慮深いのが
特徴です。1対1の関係を結ぶにせよ、チームやグルー
プに所属するにせよ、他者との関係を通じてバランス
と調和を追求します。もっと活発な性質の数の人なら
投げ出したくなるような場面でも、よきパートナーや支
援者として務めを果たします。冷静で我慢強く、困難
にあってもじっと耐え忍ぶことができます。2は採集民、
収集家の数であり、部族の伝統を維持する者を象徴
しています。

人格数1と2：その2

どんと来い
1の人はどんな事態が降りかかろうと
受けて立つ気でいます。

1の人の性格

1の人にとって、1番になるというのはほとんど信仰に近い絶対的なことです。他人に先んじるためなら、あらゆる障害を押しのけ、新しい状況に積極的に飛び込みます。単刀直入な性格です。

子どもの頃は1の人にとっては、兄弟で一番上か、一人っ子の場合が一番幸せです。そうでないと個性をのびのびと発揮できずに不満がたまり、年上の兄弟に反発することがあるからです。

恋愛では自分の気持ちに正直にふるまいます。いつも誰かに恋をして、情熱に駆られています。長く付き合っているパートナーがいても勝手気ままにふるまい、苦労を強いることがありますが、たいていの場合は新しい相手ができたというよりも、ただ遊び回りたいだけなのです。恋愛には情熱的なので、その情熱が薄れないうちはとても楽しく付き合えます。ただ、態度がしょっちゅう変わるので、1の人の気分しだいで相手がよい刺激を受けることもあれば、消耗することもあります。

1の人のマイナス面は、押しの強さを自己主張と混同し、自分の考えを主張しようとしてつい出すぎてしまうことです。自己中心的になりやすいので気をつけましょう。依存心が強くて要求が多く、怒りっぽいタイプもいますが、それは1の本来の性質を表に出す自信がないからです。

2の人の性格は？

人格数2の人はうちとけるのに時間がかかります。なかなか本心を明かさないので、どんな人かよく分からないと言われます。自分の本当の気持ちは、物事を判断したり対処するのに使うからです。感情の重要さがよく分かっているので、カウンセラーやセラピストに向いています。人の苦しみに敏感なところは、いざというとき役に立つでしょう。

2の人は1人になるのを避けるため、積極的に人と交際し、仲間を求めます。恋愛面で

は、とっくに終わっている関係にいつまでもしがみついていることがあります。パートナーにするには理想的なタイプで、面倒見がよく、思いやりがあります。気まぐれなところがミステリアスな印象を与え、人をひきつけます。

　この数の影響が持つマイナス面は、リスクを避け、無難な道を選ぶところです。引きこもりがちになる人もいます。ささいなことを気にしすぎる性格をうまくコントロールできず、他人と深く関わろうとしない場合もあります。

　海の波のように気分が変わりやすいため、煮えきらない態度をとる傾向があります。また、自分のことを後回しにしたり、率先して動こうとしないところが、パートナーをいら立たせてしまいます。

2の人の天職

人の気持ちを自然に思いやるタイプなので、カウンセラーやセラピストにぴったりです。

ベビーサークル
境界をもうけることを3の人は嫌い、
4の人は歓迎します。

人格数3と4：その1

3と4は数列で2番目にくる数字のペアであり、どちらも形あるものから生まれます。3は1と2を足した数です。つまり3は創造されたもの、「子ども」なのです。そして、やんちゃな3を囲むベビーサークルが4です。3が傷つかないよう守り、3のおもちゃであるアイデアがなくならないようにします。3と4はコミュニケーションの欲求を引き起こす精神的な刺激と、言語の構造や文法を象徴する数です。

放浪癖
3の人がお気に入りの曲は、
Don't Fence Me In
（私をフェンスの中に閉じ込めないで）
かもしれません。

人格数3
3は気持ちを表す言葉を使って意思疎通を図りたいという欲求の数です。3は1と同じく奇数なので外向性を帯びており、積極的に自分を表現します。3の人は外の世界に出ていって見聞を広め、出会うものすべてを受け入れます。おしゃべりが大好きです。よく歩く人で、心身両面で広い領域を動き回ります。3の気立てのよさは際立っており、他人の欠点に寛大です。おおらかな人柄が大いに人をひきつけ、新しい情報が集まってくるので、それに刺激を受けて斬新なアイデアを次々と生み出します。

メッセージを伝える
3の人にとっては
聴衆が多ければ多いほど
よいのです。

ウェイトトレーニング
負荷をかける
エクササイズは
4の人に最適です。

人格数4

4は壁や橋を建てるときの断固たる姿勢を象徴
しています。2と同じように落ち着きのある内
向的な数であり、抵抗したり踏みとどまったり
する場面で本領を発揮します。「神の水車は
めぐることゆるやかなり、されども挽くこと精巧
なり」とことわざにいうように、4のエネルギー
はゆっくりと着実で、思慮深さと慎重さが特徴
です。他の数がしっかりした基盤を築くために
必要とされ、その基盤の上に最新のアイデア
や新機軸が打ち立てられます。4は変化を耐
え忍び、永遠に変わらないものを頼りにします。
信頼と安定の数なので、人格数4の人は清廉
潔白で頼もしいパートナーになるでしょう。

人格数3と4：その2

金遣いの荒い人
3の人がお金を使うのに
言い訳は無用。
自腹を切って大盤振る舞いします。

3の人はイケイケタイプ

人格数3の人は心身ともに元気でいようと心がけます。いつまでも若々しく、好奇心の衰えを知らず、高齢になってから大学に入り直す人もいます。3の人はまず心のおもむくままに行動し、後から実用性を考慮します。3のエネルギーはとてもすばやく動くので、周りが置いてけぼりにされることがあります。3の人は年齢、人種、宗教を問わず、たくさんの人に囲まれているのが好きです。そこで受ける刺激を心の糧としているのです。体よりも心を養うことを優先する傾向があるので、食事、シャワー、エクササイズをおこたらないよう気をつけましょう。

3の人は友だちにするにはとても楽しい相手ですが、結婚するとなると忍耐力と寛大さがなければやっていけません。お金を湯水のように使いますが、人と分かち合おうとする気前のよさがあります。

3の人はこのように感じがいいので、マイナス面はさほど目立ちません。ただ、体を酷使しがちなので気をつけましょう。時には口が過ぎることもあるので要注意です。

4の人はのんびりタイプ

4の人はゆっくり気長に、マイペースで取り組むのが特徴です。五感で直接感じられるものを重視し、欲求を常に意識しており、自分が求めるものを明確に自覚しています。のみ込みが早い方ではありませんが、いったん身につけたことは一生忘れません。根比べは大の得意です。たとえば盆栽作りなどは、4の人にぴったりの趣味です。

恋人には優しく、スキンシップを求め、そう簡単に別れようとはしません。結婚の誓いを大切にし、一生貫きます（このような誓いの言葉はきっと4の人が作ったに違いありません）。きちんとした性格で、特に家計を握ったら無駄使いは絶対にしません。嵐に直面して

も平静さを保ち、愛する者を守ろうとしますが、相手を自分の所有物だと思っているふしもあります。短期決戦よりも消耗戦を好み、積年の恨みを抱える執念深さがあります。

　マイナス面としては、4の人は想像力に欠け、ペンキが乾くのを飽きずに眺めているような退屈なところがあります。また、体を動かすのが嫌いで柔軟性がないため、それが原因で健康を損ねるかもしれません。

3と4

この組み合わせで芸能関係や情報通信の分野で働く場合、4の人は辣腕マネージャーとして3の人を助けるでしょう。

声をあげる人
5の人は自由の戦士であり、
社会変革の旗手です。

人格数5と6：その1

5と6は単なる個人的な関心事からより大きな社会問題へと意識を向ける段階を示しています。大がかりな構想に興味を示し、世のため人のために尽くしたいと考えます。5は自由を、6は外交と奉仕を表す数です。どちらもきわめて高い創造性を持っています。5の人と6の人が手を組むと、誰にとっても生きやすく美しい社会の実現に向けて、構想を提案することになるでしょう。

人格数5

5は実際に変化を起こすときに中心的な役割を果たす数です。奇数なので外向的な性質を帯びています。人格数5の人は、2つの世界のはざまにいるように見えます。一つは自分自身の世界で、もう一つは他の人々の世界です。自由に足場を変えたり、一方から他方へ移ったりして、両方から役に立つものを集めます。言語、信仰、哲学を通じて無知と偏見をなくし、自由な世の中にしようとします。5の人の武器はユーモア感覚であり、それを駆使してうまくコミュニケーションをとったり、啓発したりします。

道化師
5の人はユーモアを用いて
他の人の考えに揺さぶりをかけます。

恋人同士
6の人は恋人がいれば
それで幸せというタイプです。

人格数6

6は愛を象徴する数です。そこには人類愛も特
定の個人への愛も含まれます。冷静で思慮深
いタイプで、人の輪を大切にします。和を尊ぶ
社会の実現を目指して尽力します。6の人はこ
の崇高な愛を、芸術などの創造的な活動を通じ
て表現します。美しいものに敏感で、時には完
璧さにこだわることもあります。自分が選んだ分
野で美的センスを発揮します。交渉や仲裁なら
お手の物です。

ミロのヴィーナス
この有名な彫像は
女性美と完全性のシンボルです。
6の人ならその良さがよく分かるでしょう。

人格数5と6：その2

自然の中へ飛び出そう
人格数5の人はアウトドア派。
広々とした場所でのびのびと
過ごすのが大好きです。

5の人─冒険者

5の人は新たな地平をさすらい、今までにない経験をするのが大好き。彼らの知識欲はとどまることを知らず、新しい情報に敏感です。旅の目的地だけでなく、そこに至る過程も大切にします。そのような性格から面白い体験をする機会が多く、武勇伝を披露したがり、耳を傾けてくれる人がいればそのたびに尾ひれをつけて語ります。5の人は頭の回転が速いのが特徴です。機知に富み、情報通で、よく気がつくので、心理学者や科学者に向いています。本を読むようにやすやすと人の心を読み、たくさんのことを見抜きます。ジャーナリズムやマスコミの世界に5の人が多いのも不思議ではありません。あちこちから情報を集めてつなぎ合わせ、真相を見抜くのが得意だからです。人格数5の人は自分の専門にこだわらず、幅広い分野をまたいで研究し、共通項を探ります。

マイナス面は物事のうわべしか見ないところ。役に立ちそうな情報の断片を手当たりしだいにかき集めたりします。恋愛でも特定の人と深く付き合うことは苦手です。ある日振り向きもせず夕焼け空の向こうに飛び立ってしまうかもしれません。

6の人─博愛主義者

6の人はえこひいきをせず、まんべんなく愛情を注ぎます。誰に対しても少しよそよそしい感じで接します。完璧な幸せには恋愛が不可欠だと思っているので、恋人がいない期間が長くなることはありません。子どもの頃はいつも親友と一緒に行動していたという人が多いようです。魅力的な人柄と美しい容姿で、磁石のように人をひきつけます。

人格数6の人は基本的に芸術家肌であり、自分自身を一つの作品のように見なし、完璧になろうとする傾向があります。

　世の中の役に立ちたいという気持ちが強く、社会活動に関わったり大義のために戦ったりすることに生きがいを感じます。愛のパワーとその癒しの力を信じており、ヒーラーや介護関係の仕事に向いています。医療関係者としてカウンセリングルームや病院などで働く人もよくいます。

　この数の影響が持つマイナス面としては、和を重視しすぎることが挙げられます。その場を丸く収めて波風を立てないために、自分を犠牲にしてしまうのです。また、無気力になりがちなので気をつけましょう。人格数6の人は完璧主義者なので、自分が理想とするレベルに達しようとして体を限界まで酷使することがよくありますが、そのような完璧さはたいてい現実とはかけ離れているものです。

美と芸術

6の人が美にとりつかれて創作に走る原点には、太古の昔に人類が絵を描きはじめて以来、芸術家たちを魅了してきた、この世の驚異を表現したいという欲求があります。

神の手
7の人は神と人との
つながりを理解しています。

人格数7と8：その1

7と8は社会性の発達を表す数であり、現実の社会でスピリチュアリティなどの内なる力を活かすため、一歩踏み出した段階に相当します。物質と精神、世俗と神秘を区切っている境界を越えることに興味を抱きはじめます。そこにどのような種類の力が作用しているのか、それは人間の力か神の力なのかという疑問がわいてきます。どちらの数も目に見える力と見えない力の相互作用に影響を受け、その図式をより広い世界に向けて発信しようとします。

人格数7

7は僧侶や哲学者を象徴する神秘的な数であり、いつも旅の途中にあって定住することは決してない古代の船乗りの数でもあります。7は奇数であり、活動性を表します。7の人は内心では世間から何を期待されているか分かっているのですが、沈思黙考したり夢想したりするために、世捨て人のように人里離れて暮らそうとします。独自の宗教観をうち立て、天啓を受けて心に浮かんだ説教や訓話を書き留めます。その狙いはただ一つ、世の人々の心を解き放つことです。見識の広さはただ者ではなく、樹上の鳥が聞きほれるほど弁舌の才に恵まれています。

修道士
7の人は神秘的で哲学的。
世捨て人の傾向があります。

力は正義なり

中世の勇敢な騎士のように、
8の人は目的を果たすためなら
どんなに大きな障害にも立ち向かうでしょう。

人格数8

8はパワーを象徴する数です。8の本質には深遠
な神秘が宿っています。無限のシンボルでもあ
り、平静で奥の深い性格を表します。著名人によ
く見られる数です。8の人は大きな障害が立ちふ
さがっても力を尽くして戦います。見かけによらず
複雑な性格で、内なる悪魔を倒して引きずり出し
たいと考えています。8の人がそうするのは自分
が心の平安を得るためですが、その結果は必ずと
いっていいほど広い範囲におよび、他の人のため
にもなるのです。

8
8という数字の形は、
無限大を表す記号でもあります。

人格数7と8：その2

宮廷風の恋愛
中世の吟遊詩人は勇敢な騎士と
貴婦人のバラードを歌いながら、
ヨーロッパ中を旅してまわりました。

7の人―さすらいの吟遊詩人

人格数7の人は絶えずさまよっています。体はそこにあっても、心はここにあらずの状態なのです。音楽、芸術、詩をこよなく愛します。騎士道精神と神聖な愛を歌った中世の吟遊詩人のように、7の人は五感で感じられる世界と同じくらいスピリチュアルな世界を愛しています。

7の人の心を占める重大な関心事は、ありとあらゆるものを網羅し、その真相を解き明かす、普遍原理の探求です。自分が興味のあるテーマについては何でもよく知っていて、人に教えるのがとても上手です。7の人が歩む叡智の道に終わりや限界はなく、彼らはその事実に励まされて旅を続けているふしがあります。子どもの頃は、年齢のわりに賢い子だと言われます。

その反面、今まさに目の前にあることに打ち込むのは苦手です。いつも空中に城を作り、どうやったらたどり着けるか思い巡らしてばかりいます。ごく普通の日常生活を窮屈に感じるタイプなので、長い間踏みとどまっているのはまず無理でしょう。

8の人―采配を振るう軍師

卓越した策士です。敵を倒そうとむしゃらになるので接近戦に向いており、狙った獲物は必ず手に入れます。辛酸をなめた過去を持つ人が多いようです。その経験をばねにして、企業のトップや一国の長に上りつめることも。目的のためには手段を選ばず、陰謀と名のつくものなら何でもござれというタイプ。障害があれば果敢に立ち向かいます。とても堅実でバランスがとれた人柄で、軽率にふるまうことはありません。押しが強くて負けず嫌いです。

人格数8の人は、人間の行動の裏に隠された動機に興味があり、心理学者や探偵に向いています。真実を知りたいというより

も、多様な人間模様にひきつけられるのです。子どもの頃には、裏庭を掘り返しては遊び相手が逃げ出すような代物を見つけ出していたに違いありません。

　マイナス面としては、威圧的で冷酷な態度に出ることがあります。精力旺盛でパワフルなので、はけ口を必要とするのです。さもなければ身近な人たちに対して横暴になったり、言いなりにしようとするかもしれません。

宮廷の密偵

8の人の性格には陰謀家の特徴が数多く見られます。あちこち嗅ぎ回ったり、政治的な駆け引きをしたりすることにかけては天才的で、スピンドクター（情報を操作して人々の心理を操る専門家）の素質があります。

9 11 22

人格数9、11、12：その1
9は1ケタの数の最後にくる数です。奇数なので活気ある性質を帯びており、物事を変化させたり、やりかけの仕事を完成させることに関わっています。安定を前にしながらも変化のきっかけをはらみ、今日と明日の架け橋となる数です。

人格数9

9は状況が変化する時点を示す数です。奇数であることから、自己主張を象徴しています。自分の信念を守るために戦い、ここぞというときに全力投球します。慈善活動や創作活動は9の人につきものです。困った人を見捨てておけず、実際的なサポートをします。

環境問題への意識
9の人は環境汚染など
世界規模の問題に関心を寄せます。

導きの光
マスター数を持つ人は、
人生の道を照らす
灯台のような役割を
果たします。

人格数 11と22

この2つの数がリーディングで実際に出てくることはそれほど多くありません。マスターの地位にあるため他の数字と同列ではなく、非凡な面を持っています。重大な使命を帯びた数なので、11や22を人格数に持つ人の大半がその使命から目をそむけ、2ないしは4の人として日常生活を送っているのも無理はありません。マスター数は新たな意識の次元に至る道を照らす灯台のようなもので、その萌芽をはらんでいるのが2と4なのです。マスター数の深遠な役割について理解するには、先行する2つの数の本質を考えてみるとよいでしょう。2の本質は正しい人間関係であり、4の本質は正しい行為です。したがって、マスター数を持つ人の多くがむしろ控えめで、最前線に立っていないとしても、驚くにはあたりません。

十字軍の戦士
9の人は政治活動、
人道支援、霊的信仰などの分野で、
使命を果たすため一生戦い続けます。

95

人格数9、11、22：その2

世界市民
9の人は面倒見がよく、
困った人がいれば
必ず手を差し伸べます。

大儀のために戦う9の人

9の人は人道問題に情熱を燃やし、自分にも他人にも大いに期待します。自分さえよければいいという視野の狭さはなく、世界的な規模の問題で頭がいっぱいなのです。政治、宗教、スピリチュアリティのどの分野で活動するにせよ、どうにかしてこの世の悪を正そうとします。国際援助、動物愛護、刑務所改革などのテーマについてよく知っています。優秀な戦士のように常に警戒を怠らず、社会の不正にいつも目を光らせています。大儀のためなら積極的に声をあげ、命を張って戦います。

創造性が高く、絵画、映画、書物の形でメッセージ性のある作品を生み出します。創作活動を通じて人間のあるべき姿を世間に訴えかけ、啓発するのが狙いです。また、人格数9のコメディアンは、笑わせつつもほろりとさせる芸風を持ち味にしています。

その反面、高尚な精神の持ち主であることを鼻にかけ、他人と深く関わって心を通わせるのを避ける傾向があります。また、政治信条を守るためなら人を殺してもかまわないというような、強迫観念に取りつかれた身勝手な狂信者になる可能性があります。

11と22の人

11ないしは22を人格数に持つ人の課題は、潜在能力を活かすこと。これは誰にとっても共通のテーマではありますが、マスター数を人格数に持つ人にはとりわけ難しいのです。そのため、レーダーに感知されないよう雲に隠れて飛ぶ飛行機のように、ごく普通の人のふりをして目立たないように生きている人がほとんどです。

11の人はなだめ役に回ったり、みんなを

幸せにしようと心を砕いたりして、2の人らしくふるまうことがあります。また、22の人は身の回りのことで手一杯のふりをしますが、ごまかしきれるものではありません。表向きは日常の些事に専念しているようでいても、心の底では物足りなさを感じているからです。マスター数を持つ人の大半は息をひそめてひっそり暮らそうとしますが、そのままではいつかきっとしっぺ返しを食うでしょう。

　逆の見方をすれば人格数2と4の人は、いざとなったら11や22の性質を発揮する可能性を秘めています。要するに、けた外れの創造力やスピリチュアリティを発揮するからといって、マスター数を持っているとは限らないのです。

マスター数

11と22の人は少数派。若いうちは2ないしは4の性格を装っていても、年齢を重ねるにつれ、世界人類を救済するという使命に目覚めます。

運命数

　運命は人生の旅の目的地にたとえられます。一般には、生い立ちや若い頃の経験でその後の人生が決まると考えられていますが、数秘術の見方は異なります。その証拠が運命数 (ライフパス) です。名前が途中で変わることがあっても、運命数は生年月日から算出するので一生変わりません。数秘術師の中には、人格数も運命数も生まれる前から決まっており、現世で学ぶべき課題を示しているのだという人もいます。人格数の性質は比較的表に出やすく、その人の欲求や関心事に反映されます。ところが運命数にはそれがあてはまりません。生い立ちの影響により、運命がそのままの形で表れないことがあるからです。人生の道は決して平坦ではありませんが、その過程で人は成長するのです。

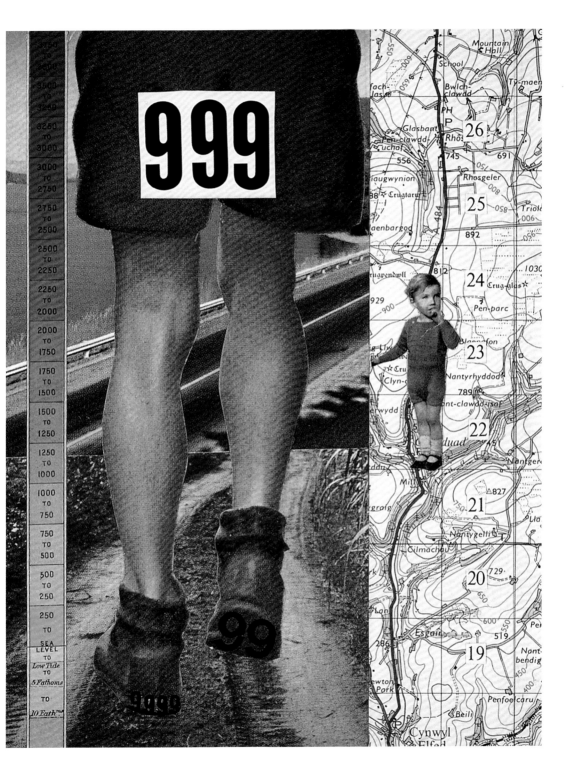

運命数の出し方

べての数字を足していき、最終的に1ケタの数にするのが、数秘術の原則です。ただし、11と22は例外としてそのままにします。

運命数の場合も、生年月日の数字をすべて足し、最後に9かそれ以下の数にすればよいのです。11月にはこのルールが適用されません。2に還元せず、必ず11のままにしておくこと。要するに11月は1年のうちで

マスター月に相当し、この月に生まれた人は特別な運命をたどるとされています。

10月は2ケタの数字で表されています。分解して加算すると1になるため、1の波動の性質を帯びていることが分かります。ただし、0と組み合わさっているため、その影響で霊感を持つ人もいます。

日 付

日付を表す数はすべて1ケタの数に還元します。

1, 10, 19, 28	すべて **1** に還元。
2, 20	どちらも **2** に還元。11と29は2に還元せず、**11** のままにする。
3, 12, 21, 30	すべて **3** に還元。
4, 13, 31	すべて **4** に還元。22は4に還元せず、**22** のままにする。
5, 14, 23	すべて **5** に還元。
6, 15, 24	すべて **6** に還元。
7, 16, 25	すべて **7** に還元。
8, 17, 26	すべて **8** に還元。
9, 18, 27	すべて **9** に還元。

第1の例

ハリソン・フォードを例として運命数を計算してみましょう。

彼の生年月日は **1942** 年 **7** 月 **13** 日 です。
まず生まれ月と生まれ日を足します。**7 + 1 + 3 = 11**
次に生まれ年を構成している数字をすべて足していきます。
1. **1942** 年の上2ケタを足します。**1 + 9 = 10 = 1 + 0 = 1**
2. 下2ケタを足します。**4 + 2 = 6**
3. 出た数を合わせます。**1 + 6 = 7**
最後に、月日と年の数を合計して運命数を出します。**11 + 7 = 18 = 1 + 8 = 9**
ハリソン・フォードの運命数は **9** です。

これ以降のページに各運命数の解説がありますので、該当する箇所を読んでみましょう。

第2の例

今度は1978年12月19日生まれの人の運命数を出してみましょう。

生まれ月の12は2ケタの数字なので分解して加算します。**1 + 2 = 3**
生まれ日の19も同じように計算します。**1 + 9 = 10 = 1**
月日の数字を足し合わせます。**3 + 1 = 4**
生まれ年1978を分解して加算します。**1 + 9 + 7 + 8 = 25**
2ケタの数なのでさらに分解・加算します。**2 + 5 = 7**
月日と年の数を合計します。**4 + 7 = 11**

マスター数が出たらそれ以上分解・加算しないこと。

人生の冒険者
運命数1の人は、幼い子どもの頃から
試練に満ちた人生を送ります。

運命数1と2：その1
運命数としての1と2のエネルギーに影響を受ける人は、自分で責任を取り、人の和を大切にする生き方をします。人間の発達段階としては、自分の欲求がすべてだった赤ん坊が周囲の人々と交流しはじめる時期に相当します。実際には、どの運命数にもあらゆる数の性質が潜在的に一通り備わっています。つまり、どの運命数にもありとあらゆる経験や出来事が内在しているのですが、特定の運命数を介して見ると一部がクローズアップされたり、その数の性質を帯びたりするのです。

運命数1
一番になりたい、どんな場面でも主役でいたいという欲求の表れです。1は赤ん坊の未熟な自我を象徴する数です。運命数1の人はあらゆる望みが叶えられ、生活に困窮しないようにしようとします。太古の人類は運命数1に沿った生き方をしていました。狩りをして食料を確保し、繁殖力がもっとも強いパートナーをめぐって争っていたのです。勝たなければ意味がなく、負けるのは死に等しいことでした。歴史的に見れば、武力を頼みとし、行く手をはばむものは何であれことごとく滅ぼしたというフン族やゴート人に、運命数1に典型的な性格が見られます。

いつくしむ
大切にはぐくむことが
2の人のテーマです。

破壊者

力に頼って生きる運命数1の性質は、歴史上ではモンゴル軍の兵士によく表れています。

乳幼児期

親子のきずなは個人と集団の関係の基本です。

運命数2

2は仲裁したりなだめたりして、不和を解消したいという欲求を表します。母親との強い絆がすべてである乳幼児の段階に相当します。太古の人類は運命数2の影響を受けて進歩し、穀物の苗を植えたり種子をまいたりして栽培したものを収穫するようになりました。集団で協力するようになって生産性が上がり、寿命が延びたのは、この時期からです。運命数2の例として、母性と創造性を象徴する女神を崇拝していた古代クレタ文明のミノア人が挙げられるでしょう。

運命数1と2：その2

鉄は熱いうちに打て
1の人は青年団に参加するなどして、
若いうちから自立心を養うとよいでしょう。

運命数1

運命数1の人の課題は、自分の人生をコントロールし、自立できる強さを養うことです。のんびり静かに暮らしたいと思っていても、力をふりしぼって立ち上がらなければならない出来事が起こります。運命数1は成長するための試練をもたらす数なのです。

運命数1の人は幼い頃に家庭崩壊の危機に直面し、放っておかれることが多くなります。子どもながらに親を支えたりどちらか一方の味方についたりして、何とか親の気をひ

き、つらい境遇を乗り越えようとします。1の運命に真正面から立ち向かうのは、人生がまだ始まったばかりの子どもには荷が重すぎるのです。

大人になるにつれて運命数1の影響が強まり、隠れ家から出て最前線に立たざるをえないような状況に投げ込まれます。この段階に入ると責任感や自己主張、自立心を学ぶ機会が得られるため、自分が選んだ分野でうまくリーダーシップをとり、成果をあげることができるでしょう。

運命数2

運命数2の人は、さまざまな経験を通じて他者との関わり方を身につけます。もともと人付き合いがうまいのが2の人の特徴ですが、和を尊ぶには自己犠牲がつきものであり、絶妙なバランス感覚が求められます。この「バランス」こそ運命数2の人のキーワードなのです。

幼い子どものうちは、母親との関係はきわめて密接なものです。運命数2の子どもは感じやすい心の持ち主なので、この強固な母子のきずなから離れるのに苦労します。そのため、母親代わりに愛情を注いでくれる相手がどこかにいるはずだと、歪んだ恋愛観を持つ傾向があります。しかし、そのような相手

は実際にはどこにもいません。また、相手が誰であれその人の母親のようにふるまい、大人同士の正常な恋愛関係を結ぼうとしない人もいます。母親ほど自分を愛してくれる人は誰もいないと、最初からあきらめてしまうこともあります。

とはいえ、成熟するにつれて、自分の欲求や欲望をすべて満たしてくれる相手などいないことが分かってきます。対等の立場で相手と向き合い、お互いに自分のことには責任をとるべきだと気づくのです。かけがえのない相手とともにいる喜びに感謝すると同時に、一人の人間として自立する強さを身につけるよう心がければ、有意義な関係を結ぶことができるでしょう。

人生の始まり

人はこの世に生まれた日から人生の道（ライフパス）を歩みはじめ、運命数が示す方向へと進んでいきます。

動と静
3と4が象徴する活動と静止は、
宇宙をつかさどる
一対の根本原理です。

運命数3と4：その1
運命数としての3と4の波動は、拡大と縮小の2つの方向で試練をもたらします。この2つの数は両極端の性質を帯びており、互角の力で対立するエネルギーを象徴します。心臓の鼓動のように開いては閉じる動きを表し、人生の浮き沈みをつかさどりながら、その渦中にある人にチャンスを与えます。どちらの運命数もコントロールの要素を含み、3はその力を心理的なプロセスを通じて発揮し、4は実務的な力を通じて体現します。

運命数3

いつも人生を楽しんでいて、明日はもっといいことがあると考えるタイプです。3が示すのは探求の道であり、新たな経験を何でも受け入れる姿勢を表します。人間の発達段階でいえば、近所の人たちと交流したり、きょうだいと触れ合ったりしはじめる時期に相当します。西洋の歴史でこの運命数の影響がよく表れているのは、古代ギリシャの時代です。この時代の人々は議論と哲学を愛し、数学を高度に発達させました。

運命数4

必要なものが目に見えて不足する事態に直面し、その人の真価が問われます。4は地球を象徴する数であり、物質と結びついています。人間の発達段階でいえば、部外者の立ち入りを禁じるため家の周りに塀がめぐらしてあることに子どもが気づく時期に相当し、この頃には悪さをすると罰が与えられるようになります。運命数4の歴史上の代表例はローマ帝国です。武力によって他国を征服し、植民地化することを、長年にわたり繰り返していました。

107

運命数3と4：その2

新たな地平
3の人は今すぐにでも
旅立つ気でいます。

運命数3

運命数3の波動は、身も心も魂も開放して有意義な体験や社会活動に飛び込んでいくよう作用します。少なくとも理屈の上ではそうですが、実際にはそこまで楽天的になるのは難しいものです。運命数3の人は、自分の気持ちに正直になることを一生かけて学ぶ運命にあります。

知的な能力の高さが特徴ですが、幼いうちは十分に発揮できないかもしれません。親が教育を軽んじていたり、親自身の知識や学歴が限られているために、子どもの向上心をそいでしまったりするからです。何年ものあいだ、実力より低い成績しかとれないというケースも見られます。とはいえ、人生とはよく

したもので、身内と疎遠になるのと引き換えに知力を伸ばす機会が遅かれ早かれ訪れるようです。

年を重ね、学校時代が遠い昔の思い出になった頃、運命数3の人はここぞとばかりに外へ出て、自然体でさまざまなことを学びます。旅をしたり本を読んだり、人と交流したりして、さまざまな経験から貪欲に吸収していきます。

運命数4

運命数4の波動は濃厚であり、とてもゆっくり作用します。地に足を着けるよう働きかける数なのです。運命数4の人は、欲しい物を手に入れるためには努力が必要であることを、幼いうちに学びます。たとえ努力したとしても、それが報われるまで何年も待つ羽目になるかもしれません。貧しい家庭で育った人もよくいます。家計が苦しいことを他の兄弟たちはあまり気にしていなくても、運命数4の子どもはそうではありません。物質面で豊かでないと心も貧しくなると思っているからです。そのような生い立ちから、大人になってもお金への執着は消えず、できるだけたくさん欲しいと思うようになります。お金さえあればすべてがうまくいく、人間の価値は財産の多寡で決まると考えるようになるの

です。

　成熟するにつれて、世間の評価や金銭的な価値がどうであれ、自分の頭で考えて物事を正当に評価できるようになります。そこから地に足のついた本当の自信や自己評価が生まれます。やがて、物質的には恵まれなくても心を通わせる相手がいれば幸せであることに気づくでしょう。

変化と維持

運命数3はあっと驚く変化を起こすのに対して、運命数4はゆっくりと着実に進みます。それぞれのペースの違いをお互いに学ぶとよいでしょう。

社会性の高さ

5の人も6の人も
大勢の人に囲まれて
生きるタイプです。

運命数5と6：その1
運命数5と6は、思いもよらない体験をする可能性を秘めています。たくさんの人と知り合うことになるでしょう。積極的に付き合いを求め、世の中にはさまざまな人がいることを知って見聞を広めます。そばにいてくれる相手を必要とし、その人によりよい生き方を示そうとするのは、どちらの数にも共通した態度です。どのような方法をとるかという点で違いが出てきます。

運命数5

学問を通じて自由に目覚めます。子どもが学校にあがる段階に相当します。学校では時には家庭とは異なる価値観を教わり、教育を通じて家庭という枠から解放され、視野を広げます。また、身内以外の人とも付き合うようになります。歴史上、ローマ帝国の支配やアフリカの奴隷貿易により虐げられていた人々が解放された時代には、5の波動が作用していました。

自由

5の人は抑圧からの解放を目指す活動に一生を捧げることがよくあります。

クリエイティブな活動

6の人にとって、
生まれながらに持っている
創造性を発揮するのは大切なことです。

運命数6

創造性を発揮して愛を表現する運命にあります。
人間の発達段階では思春期に相当し、この時期の
子どもは内側からほとばしる強烈な感情を、音楽や
詩で表現しようとします。誰かにあこがれて偶像視
したり、世界救済の理想に燃えたりします。人類の
進歩の過程で6と結びついているのは、ルネッサン
スの時代です。古めかしいしきたりではなく人間性
賛美にもとづいて、文化や芸術が花開き、宗教の自
由を説く者が現れ、宮廷風の洗練されたふるまいが
もてはやされました。

ルネッサンス

ヨーロッパのルネッサンス期（15-16世紀）は
芸術が盛んで、自由を重んじる気風がありました。

運命数5と6：その2

武器は知力
知識が人を自由にすることを、
5の人は知っています。

そこで、未知の世界への不安を認める代わりに、自分が置かれた境遇のせいにします。しかし、人生には必ず突破口が設けられているものです。

運命数5の人は自由を追求する過程で、人は誰しも自由になる権利があると気づきます。また、自由といってもさまざまな考え方があり、一筋縄ではいかないことを知ります。5の人の使命は、身近な問題についての意見を他人に伝えることです。コミュニケーション能力を磨けば、自分のためになるのはもちろん、他人を助けることにもなるでしょう。体験や意見を広める能力に長けているのが、運命数5の人の特徴です。

運命数5

5を運命数に持つ人は、安心や安全は二の次にして未知の世界を探求する運命にあります。五感を駆使して理解を深め、視野を広げることがテーマとなるでしょう。

運命数5の人は一切の自由を奪われた環境で育つことがよくあります。行動、思考、感情のすべての面で、過保護な親が口を出すのです。世間に出て行く年ごろになると、自分で責任をとらねばならないことに尻込みし、抜き差しならない状況に追い込まれます。

運命数6

運命数6の波動に影響を受ける人は、個人的な事柄だけでなく社会的な問題にも広く関心を向けます。この運命数のキーワードは「奉仕」なので、他人に尽くしたり世話をしたりしているときが一番幸せという6の人は多いでしょう。6は芸術などのクリエイティブな活動を象徴する数でもあり、奉仕にも美を求めます。地元でのボランティア活動に参加することがよくあります。

運命数6の子どもは病気の親の面倒をみたり、年下のきょうだいの母親代わりを務め

る傾向があります。面倒見がよいことから家族のみんなに重宝されますが、独特のクリエイティブな感性の持ち主でもあります。若いうちは芸術家肌で、美を何より尊びます。大人になるにつれてそのような資質に目を向けなくなり、日々の雑事に追われてせっかくの才能を伸ばすチャンスを失うこともあります。

　実用性と美しさのバランスにこだわるタイプです。大人になるともてるようになりますが、容姿の美しさと性格のよさのどちらが愛されているのか見分けなければなりません。

ハメルンの笛吹き男

5の自由な性質を物語る伝承です。笛吹き男はハメルンの町からネズミを追い払う代わりに、町の子どもたちを連れ去ってしまいました。

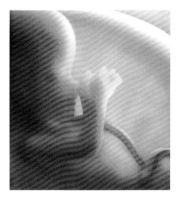

神秘と驚異
7の人は成長するにつれて、
神秘的な世界に少しずつ
波長を合わせるようになります。

運命数7と8：その1
運命数7と8の波動は大きく異なっています。7の波動は拡散のエネルギーであり、物質界を超えた別の世界から発せられるかのようです。これとは対照的に8のエネルギーが根ざしているのは、損得勘定と意志の行使で成り立っている物質界です。どちらの運命数も、古い習慣や決まりきった行動パターンを捨てて新しい自分に生まれ変わるチャンスをもたらします。これは大変な試練であると同時に、心ときめく冒険でもあります。

運命数7

形あるものがすべてという前提に疑問を投げかけます。運命数7の人は物質界を超えた精妙な世界に通じており、その世界について知っていることを他の人に伝えようとします。この運命数のエネルギーは生まれる前の胎児の性質を帯びており、外の世界からの圧力やストレスにさらされることなく、楽園のようなところにいる状態を表します。人類の進化の歴史では、アダムとイブがエデンの園で純真無垢に暮らしていた時代に相当します。

楽園
運命数7の人は自分だけの
エデンの園を探し求めます。

メディチ家

政治的陰謀に加担していた
カトリーヌ・ド・メディシス
（1519-1589）のように、
運命数8の人なら、
15-16世紀にフィレンツェの
メディチ家でおこなわれて
いた激しい権力争いに
喜々として取り組んだ
ことでしょう。

運命数8

心の奥深くで葛藤を引き起こす数です。葛藤の背景
には、人生を根底からくつがえすような強烈な衝動が
あります。人間の発達段階では、大人になる一歩手
前の時期にこの運命数の影響が表れ、その年頃につ
きもののアイデンティティーの危機に見舞われます。
歴史的には、15-16世紀のフィレンツェでメディチ家を
めぐって繰り広げられた政治的駆け引きに運命数8の
特徴が数多く見られ、特に水面下で続いていた陰謀と
権力争いにはそれが如実に表れています。

死の願望

8の人は思春期に
死に魅せられる傾向があります。

運命数7と8：その2

夢想家
7の人は現実世界と空想の世界の
はざまに生きています。

運命数7

7のライフパス（人生の道）は不思議の国に通じていますが、地に足をつけていることが重要です。運命数7の人はじっくり時間をかけて物事に取り組む必要があるのです。できれば一人で、遠くまで旅をしたり幅広い分野を研究したいと考えるタイプです。いやおうなしに自覚させられるほど、鋭い直観の持ち主です。授業中に教室の窓から外を眺めているような子どもだったに違いありません。そんなふうに夢見がちで

はろくな大人にならないなどと言うと、運命数7の子どもを深く傷つけ、知的好奇心の芽を摘み取ってしまうかもしれません。内に秘めた情熱を表現する手段として、詩や神秘主義、音楽にひかれる傾向があります。思春期に達すると愛着の対象を探しはじめ、宗教人や個人的な関係にある相手に傾倒する場合もあれば、スポーツチームに夢中になることもあります。

運命数7のエネルギーは理解力を広げる方向に向かうため、この運命数の影響下にある人は、唯一絶対の「真理」と呼べるような観念、信仰、哲学など存在しないことを悟ります。真理も信仰心を表す方法も、さまざまであることを知るのです。

運命数8

この運命数の波動は濃密で、ゆっくりと作用します。人生に深い影響を及ぼすような教訓や経験をもたらす数です。あらゆる場面で自分の権利や信念を守る試練にさらされるでしょう。

運命数に8を持っている人は親や教師に虐待されやすく、幼いうちから生き延びるすべを身につけざるをえない運命にあります。他の子どもと比べてかなり早くから人生の厳

しさに直面しますが、そのような生い立ちを
経ているがゆえに、難しい局面もうまく切り
抜けて統率力を発揮する大人に成長します。
思春期に入ると、セックスや死、深層心理学
に魅了され、複雑難解な世界を解明する鍵を
探し求めます。

　運命数8の人は、心の弱さをどうにかして
克服しなければなりません。そのために努力
を重ねていくうちに、何もかも自分の思い通
りにいくわけではなく、時には納得がいかな
いことも起こるのだと悟るでしょう。

人生の意味

7の人と8の人では潜在能力を発揮するやり
方が異なります。7の人は想像力、8の人は
意志の力を使います。

運命数9、11、12：その1

9は1ケタの数の最後にくることから、物事の終わりと新たな始まりを意味します。9はカルマの力に強く影響されるため、借りを返したり誰かに貸しを作ったりするような出来事が起こります。また、運命数11と22は使命を帯び、多大な努力を要する数ですが、それを実現できる人はめったにいません。ただ、苦労するぶん見返りは大きく、社会全体に影響を及ぼすこともあります。

運命数9

9の波動には、過去生から持ち越した問題を現世で最終的に解決し、決着をつけようと強く意識させる作用があります。そのためには多大な努力を要することをこの運命数は告げています。幸いにも9を運命数に持つ人は意欲にあふれているので、自分の問題を解決するだけでなく、他人に手を貸すこともできるでしょう。どんな結果に終わろうと、その先に続く新たな始まりに向けて行く手を照らす光となるのです。

人助けへの情熱

運命数9の人は、相手を励まし、能力を最大限に発揮させるのが得意です。

脚光を浴びる
9の人は
注目を浴びるのが好きで、
主役になりたがるタイプです。

運命数11と22（マスター数）

マスター数が発するエネルギーは、他の運命数とは大きく異なります。マスター数が実際に現れることはめったになく、特に22はまれにしか見られません。マスター数が示す運命の道から外れ、2ないしは4に還元して生きるのはたやすいことです。マスター数が示す「道なき道を行く」運命を背負っているにもかかわらず、そしらぬふりで安穏とした生活を送ろうとする人はいくらでもいます。しかし、持って生まれた運命には責任を持たなければなりません。努力はきっと報われ、経済的にも社会的にも恵まれるでしょう。

道なき道を行く
11の人と22の人は
自分の使命を自覚しなければなりません。

119

運命数9、11、12：その2

スポットライト
9の人は名声と富に彩られた
華やかな人生を送る傾向があります。

運命数9

この数が示す運命の道を進む人は、ほぼ確実に何らかの形で世間の注目を集めます。たとえば、ショービジネスの世界には運命数9の人が大勢います。表舞台に立つような華やかな職業にひかれる傾向があるようです。

幼い頃の9の人は、教師の間違いにすぐ気づき、指摘せずにはいられない子どもだったに違いありません。いたずら好きでやんちゃなために目をつけられ、放課後に何時間

も居残りをさせられたりします。そのせいで自信をなくし、自分は同級生のようによい子ではないと引け目に思うこともあるでしょう。とはいえ、単純素朴で楽観的な性格なので、完全にうちのめされてしまうことはめったにありません。世の中を変えてやろうと意気込んで社会に飛び出していきます。

大人になると、物事は一定不変ではなく、行動次第で変えることができると考えるようになります。そのためには勇気を出して突き進まなければなりませんが、自分のヴィジョンはくれぐれも見失わないようにしましょう。

運命数11

人道主義的な理想を言葉によって広め、無知の暗がりに光を当てて社会を隅々まで明るくしたいという情熱をかきたてる数です。マスター数11の崇高な波動は、この数を運命数に持つ人の日常生活に微妙な影響を及ぼします。使命を果たす旅の途中には数々の落とし穴がしかけられていて、分別を養うこと、人ときちんと関わることを教えます。オカルトや神秘主義など、隠された領域を明らかにする数でもあります。運命数11の人はどのようなテーマを選んで学ぶにせよ、いっ

たんそれを身につけたら、他の人にも教えて
あげましょう。

運命数22

　マスター数である22が運命数になると、
夢を実現するために強固な基盤や組織を作
りたいという強い思いを生み出します。スト
リートチルドレンを救う会にはじまり、市民の
権利や理想の社会について学ぶ教育機関に
至るまで、どんな事業にも堅実な姿勢で臨む
のが運命数22の人の特徴です。4の性質
の影響から、物質的な豊かさにこだわる一面
もあります。ただ、運命数22の人なら物質
的な富の価値を正しく見極め、夢を実現する
ために活かすことができるでしょう。

マスター数

運命数に11か22を持つ人にとって、2ない
しは4の人のふりをして生きるのは簡単です。
運命がそれを許せばの話ですが。

日付を表す数字
すべて1ケタの数字に
還元します。

日付：その1

1ヵ月を構成する各日の数字の意味を知ることは、運命数の背景として欠かせません。生まれ日を表す数字によって、その後の人生の基本的な方向性が決まるからです。生まれ月の数字にも、その人の運命に深い影響を及ぼす意味が込められています。

ローマ暦
1ヵ月の長さを28日とする暦をもとに、ローマ暦が作られました。月によって日数が異なり、2月だけはそれ以前の暦と同じく28日ですが、それ以外の月は30日ないしは31日あります。こうして日数が追加されると日付を表す数字も増えたため、数秘術で誕生日をもとに運命数を算出する際に扱う数が増えることになりました。

月の周期と1ヵ月の長さ
太陰暦では1ヵ月を28日としていますが、これは月の満ち欠けのサイクルに合わせたものです。文字通り、暦の「月」は空の月を意味しているのです。

2ケタの日付

どの月にも必ず、1から9までの数に還元される数が3回繰り返して現れ、さらに28日は2＋8＝10＝1となるのでそこに1が追加されます。月末に29日、30日、31日とある月は、2から4までの数列が1回余計に含まれています。日付にはそれを表す数字によって固有の性質があります。1ケタの数の日付は、その数が持つ純粋な本質を帯びています。2ケタの日付は2つの数字の組み合わせからできているため、生まれ日が2ケタの数の人はそれぞれの数字の性質に加え、2つの数字を足して出た数の性質も帯びることになります。

日付同士のつながり

7日と16日はどちらも7に還元されるため、関連性があります。

マスター数の月

月にも1月から9月まで数秘術的な意味があり、10月と12月は1と3に還元されます。ただし、11月がマスター数の月であることをお忘れなく。2に還元せずにそのまま解釈します。

日付：その2

生まれ日の数字の意味

1になる日付 1、10、19、28―どれもみな1に還元されますが、微妙な違いがあります。

1 最初にくる数で、「私が先！」という性格。人より先んじたいという単純な気持ちの現れ。

10 率先して動く外向的な1のエネルギーに、0の創造性が加味されている。

19 1に9が組み合わさっているため、始めたものは何であれ終わらせることを意味する。

28 自分の持つ力をバランスよく調和のとれたやり方で発揮する。

2になる日付 2と20は同じ2の人ですが、違いがあります。

2 他人と関わってバランスを見出したいという欲求が、純粋な形で表れる。

20 0の影響を受けるため、どんな人間関係にもクリエイティブな要素を取り入れようとする。

3になる日付 3、12、21、30

3 意識の拡大と他者とのコミュニケーションを純粋に楽しむ。

12 仕事への情熱と私生活とのバランスをとる必要がある。

21 何らかのアイデアに夢中になると、身の周りのことがおろそかになる。

30 0の影響から、あらゆるコミュニケーションにクリエイティブな側面をもたせようとする。

4になる日付 4、13、31

4 合理的で実用的な物の見方をする。

13 外向的で話し好き。常識のかたまり。

31 他の人にはない実用的な情報を持っている。

5になる日付 5、14、23

5 のびのびと自分らしくいられる自由を求める。

14 行動力はやや劣る。先の計画を立てるのが得意。

23 冒険や旅に他人を巻き込もうとする。

生まれ日の数字の意味

6になる日付　6、15、24

6　恋人、パートナー、世話をする人を象徴する。

15　人と付き合ったり面倒を見たりする際に、自分なりに少し工夫する。

24　家庭生活を大切にする。

7になる日付　7、16、25

7　夢の世界に生きる人。詩人。

16　平穏な生活を夢見て、積極的に追求する。

25　理念と現実のバランスをとる。

8になる日付　8、17、26

8　変化を起こすエネルギーの持ち主。

17　独自の哲学を語ることで、変化しようとしている人の背中を押す役割を果たす。

26　人を育てたり面倒をみたりするのが得意。まとめ役になることが多い。

9になる日付　9、18、27

9　世のため人のために戦う。

18　リーダーシップを発揮して危機を乗り切る手腕がある。

27　自分なりの哲学と社会問題への関心との間でうまく折り合いをつける。

マスター数になる日付　11、22、29

この日に生まれた人は、何をするにも啓示とスピリチュアリティが
ついてまわります。

カルマ的な数

　カルマ数、ハート数、意志数は、名前から導き出します。出生届に書かれた名前をもとに占いますが、途中で名前が変わった人は変更後の名前の二次的な影響も見てみましょう。何度も出てくる数と一度も出てこない数に着目してください。それがあなたの「カルマ数」です。生まれつき得意な分野と努力を要する分野を示しています。

　「ハート数」は、名前の母音に対応する数字を合計したものです。この世に生まれた意味を表します。

　「意志数」は、名前の子音から導き出します。本当の自分の姿を表す数であり、調和のとれた人格の形成を助けます。

　「成熟数」は人格数と運命数を合計したものです。人生の総仕上げの時期を象徴する数です。

カルマ数

```
    1     9    6      6
H A R R I S O N   F O R D
    8   99   1   5   6   9  4
```

「**カ**ルマ数」とは、ネームチャートによく出てくる数（特性数）と欠けている数（欠落数）の両方を指します。これらの数には固有のエネルギーのパターンがあります。欠落数は、達成するまで時間がかかることや努力を要することを、特性数はたちまち完成させてしまうことや楽しみながらできることを示しています。要するにカルマとは、現世で取り組むべき課題と、過去生で善行を

した報いとして与えられた才能の両方から構成されているのです。

カルマの観念は欧米人には理解しがたいようですが、東洋思想を支える根本原理とされています。人生は１回きりではなく、転生を繰り返しながら成長する過程に生きる意味があること、あらゆる行動に人生のパターンを説く鍵があることを、カルマは教えてくれるのです。カルマ数を計算してみれば、人生の根

カルマ数の計算方法

ハリソン・フォードを例にしたp.76の計算をもう一度見てください。この名前には子音数にも母音数にも２、３、７が含まれていません。つまり、これらの数が持つエネルギーが彼の性格には欠けているのです。

引き続きこの名前を使って、繰り返し出てくる数字（特性数）を調べてみましょう。

１が２回、４が１回、５が１回、６が３回、８が１回、９が４回出てきます。

要するに、「ハリソン・フォード」という名前には６と９が多く含まれ、それ以外の数はさほど目立ちません。

底に隠されたテーマが明らかになるでしょう。

　カルマはつらい試練を課すだけだと思っている人もいますが、自分は何者なのか、なぜこの世に生まれたのかを問うきっかけになるものはみな、カルマと見なすことができます。また、過去生で人間のために働いてくれた動物がこの世に生まれ変わり、今度は人間のペットとしてかわいがられているのだという説もあります。この意見に共感した人は、数秘術を使ってペットの名前を占ってみるとよいでしょう。

ハート数の計算方法

同じネームチャートを用いて、ハリソン・フォードの母音に対応する数を計算してみましょう。姓名の上に記した母音数を足していくと、合計で22になります。これは「設計者」を象徴するマスター数です（フォードは当初、映画のセットを作る大工として働いていました）。22には形あるものを重視する現実主義的な4の性質が潜在しているため、実用的な手腕に長けているのです。したがって、ネームチャートから導き出したハリソン・フォードのハート数は22になります。

意志数の計算方法

今度は子音数をすべて足していきます。合計すると51になるため、6に還元します。こうして、ハリソン・フォードの内なる自己を表す意志数は6であることが分かります。人の和を大切にしたいという気持ちが表れています。

天与の才
スピリチュアルな才能を
開花させる苦労は
並大抵のものではありませんが、
この上ない喜びをもたらします。

特性数と欠落数

音楽や数学、芸術の才能を持つ人がいるかと思えば、同じ分野に取り組んでもなかなかうまくいかず、苦戦した末にあきらめてしまう人もいます。このように、自分に欠けている部分を表すのがネームチャートに一度も出てこない欠落数であり、それを補おうとする努力を通じて人は成長します。それはまるで自分の抱えている問題や欠陥のように思えて、克服しようという気が起きないかもしれません。しかし、得意分野を伸ばすことだけに時間を費やすのではなく、欠落数が示す課題にも着手した方が、よりよい成果が得られます。人によっては、姓名に対応する数をすべて足し合わせた合計が、欠落数と同じ数になる場合もあります。欠落数の性質はこのように潜在しているためとらえにくいのですが、それでもなお人格の一部をなしており、発揮すべき一面であることに変わりはありません。また、欠落数が運命数と一致するケースもあります。この場合は人生の旅の途中で成長のきっかけとなるような出来事に何度も遭遇し、カルマの教えに目覚めるでしょう。ここからは欠落数と特性数の意味に焦点を当てて解説していきます。

才能ある人
芸術の分野で才能を発揮し、
他人に喜びを与える人もいます。

5が示す才能
ネームチャートに5が
よく出てくる人には、
数学の才能があるといわれます。

9が示す才能
音楽家のネームチャートには
9が多く、5がそれを補うという
傾向が見られます。

特性数と欠落数：その2

ネームチャートによく出てくる数を特性数といい、その人の人生で重要な意味を持つ分野を表します。特性数のエネルギーを芸術や科学技術、社会活動などの領域で発揮する人もいますが、うまく表現できない場合は、極端な行動に走って他の人に迷惑をかけることもあります。

特性数とは反対に、チャートに現れない数を欠落数といいます。欠落数の波動に合わせて行動するのは難しく、その数が象徴する分野にまったく関心を示さないケースがほとんどですが、逆にとりつかれたようになってしまう人もいます。しかし、欠落数が明らかにする課題に立ち向かえば、たくましく成長し、完成の域に近づくでしょう。

数字の意味

1
野心と集中力。目標を達成したい、一番になりたいという意欲。ゆるぎない自信。

特性数：独立心が旺盛で、目的意識が明確。自己表現が容易にできる。

欠落数：依存心が強すぎる。もっと自信をつけよう。

協調性。チームプレーが得意。自ら進んで人を支え、はぐくもうとする。

特性数：パートナーには最適。無条件の愛を注ぎ、寛大に接する。

欠落数：人付き合いを避ける。情緒不安定。他人を信頼し、心を開くことを学ぼう。

3
拡大。生への執着。探究心や好奇心が旺盛。

特性数：情熱にあふれ、開放的な性格。楽天家。話し好き。遊び心がある。

欠落数：冷淡。批判的。手厳しい。前向きな態度を身につけよう。

数字の意味

4

きちんとしていて分別がある。実利を重んじる現実主義者。世知に長けている。

特性数： 正直。実務能力がある。形あるものを強く求める。

欠落数： 堅実さに欠ける。アイデアを形にすることができない。規則正しい生活を心がけよう。

自由な発想。コミュニケーション能力が高い。気さくで冒険好きでユーモアがある。

特性数： 直観が鋭く、創造性が高い。人生はよいものだと信じている。あらゆるものに興味を抱く。

欠落数： 唯物論者。結果にとらわれずリスクをとることも必要。

6

バランスがとれていて如才ない。魅力的な人柄で、自然と人が寄ってくる。

特性数： 世話好きで愛情豊か。物静かで、誰にでも公平に接する。

欠落数： ぶっきらぼうで無作法。近寄りがたい。人当たりのよさを身につけよう。

考え深く、神秘的な雰囲気。優しく繊細で想像力に富む。

特性数： 人道主義的な理想の持ち主。あらゆるものに共感を抱く。生まれながらに信仰心があつい。

欠落数： 無神論者。心が狭い。もっと自分を信じること。

8

パワフルで勇敢。人間に興味があり、行動の裏に潜む動機を知りたがる。

特性数： 分析が巧みで、人の心理に通じている。心の変容の過程をたどろうとする。

欠落数： 無気力ですぐ人の言いなりになる。自分の行動に責任をもとう。

理想のために戦う。クリエイティブで無私無欲。慈善心がある。

特性数： 世の中をよくしたいと考える。勇気がある。公共の福祉に関心が高い。

欠落数： 頑固で柔軟性に欠ける。チャンスが来ても手を出そうとしない。思い切って実行してみよう。

ハート数
魂の衝動は
ハート数として表れます。

ハート数：その1

ハート数はネームチャートの母音数を合計したもので、この世に生まれた深い理由を示しています。数秘術のコアナンバーの中でもっとも深遠な意味合いがあります。心の奥深くに生まれながらに宿る魂の数であり、幼い頃から表に出したいと思い続けている心からの願いを象徴しています。このような嘘偽りない本心（ハート）は過ちを犯すことがないので、ハート数は常に肯定的な意味で解釈されます。自分で選んだ道を苦痛に感じるとしたら、それは本心ではなくエゴからした選択であり、その体験から何かを学ぶ必要があるのです。また、大切に思っている相手（性的な関係にあるとは限りません）とハート数が一致する場合は、その人とカルマで結ばれている証拠です。

人とのきずな

人は一生のうちで
さまざまな愛のきずなを
結びます。

真実の愛

人が一番輝くのは恋をしているとき。
恋愛などの感情に関わる事柄は、
ハート数に根ざしています。

ハート数：その2

ハート数はこの世に生きる喜びをどのように味わい、表現するかという傾向を示しています。また、自分の本当の価値をそっと告げる声でもあります。真の自己とかけ離れたふるまいをしている人には、注意を促します。心の奥底から発せられる小さな声なので、耳を傾ける人がめったにいないのも不思議ではありません。

ハート数を表す数字にはそれぞれ固有の性質があり、本心からの望みを明らかにしますが、その背後に潜む魂の衝動は万人に共通しています。人間の魂はみな同じ神から派生しているからです。

ハート数には相性があります。そうとしか考えられないのです。自分のハート数と愛する人のハート数を並べて見てみれば、喜びに満ち、創造性あふれる2つの魂として支え合い、お互いを高めていくための方法が見つかるでしょう。

自分の魂に気づいていない人もいますが、魂はいつもそこにいます。死後も魂は存在し続けるという説もあります。

ハート数が告げるあなたの本心

1 いつも輝いていたいと思うタイプ。ライフスタイルにこだわりがあり、
自分の気持ちに正直です。信念を貫こうとします。

2 愛する人と人生を分かち合いたいと思っています。
何事にもバランスを重視します。人間関係で本領を発揮しようとします。

3 コミュニケーションをとることで、お互いに充実した人生を送りたいと考えます。
みんなのためになる前向きな意見を口にしようとします。

4 しっかりした土台を作り、その上に人生を打ちたてることが望みです。
地に足のついた堅実さを求め、夢を形にしようとします。

ハート数が告げるあなたの本心

5 批判されたり条件を押しつけられたりするような恋愛はまっぴら、
自由でいたいと思っています。自分らしくのびのびとふるまい、
大切な人には本音を話すとよいでしょう。

美しいものを愛し、人の和を大切にするタイプ。
創造性を発揮して自分を表現し、調和を重んじ、世界の平和を心から願います。

7 生まれながらの夢想家で、内なるヴィジョンを表現せずにはいられません。
スピリチュアルな信仰や人道主義的な理念に打ち込む傾向があります。
食べ物が肉体の糧となるように、それが心の糧となるのです。

人生で本当に大切なものは何かということを知るには、
心の声に耳を傾けなければなりません。何もかも自分の思い通りに
なるわけではないと悟り、ありのままの自分を受け入れましょう。

9 やらなければならないと分かっていることは、思い切って実行しましょう。
世の中を良くするために0貢献したいと本心では思っているはずです。

真実の道を照らし、人々の目を開かせる啓発者になりたいと思っています。
お互いに高め合うような関係を求めます。

22 地上に城を建て、若い英雄や神々を教える賢者のように、
世界中に愛と知恵の光を広めたいと考えます。
永遠の真理のためにしっかりした土台を築こうとします。

意志
意志数は意志と結びついています。
意志とはいわば内なるエンジンであり、
行動の原動力となります。

意志数：その1
意志数は名前の子音に対応する数から計算します。意志の力と密接な関わりがあり、それをどのように用いるかを示しています。「意志」といっても意欲、やる気のことではなく、各種のコアナンバーの持つ性質をまとめあげ、全体を調和させて正しく機能させる意図を指します。ただし、子音数をもとに算出することから分かるように、意志を行使する側ではなく行使される意志に相当するため、簡単に歪められてしまいます。肯定的な意味を持つとは限らないので、慎重に解釈しましょう。とはいえ、意志があるからこそ何かを変化させたり改善したりできるのです。意志の働きを表現する言葉には、「集中する」、「積極的な」、「強固な」、「巧みな」などがあります。偉業を成し遂げる人物はたいてい強固な意志を持っています。一見すると穏やかで、謎めいた雰囲気をまとっているにもかかわらず、並外れて意志の固い人もいるため、慎重に判断しなければなりません。意志数が一致する者同士は、刺激を与え合って変化していくか、さもなければたびたび衝突することになるでしょう。

集中力
意志がもっとも純粋な形で
発揮される場面です。

催眠術の悪用

他人を操ろうとするのは、
歪んだ意志の現れです。

意志数：その2

子音数の合計から導き出される意志数は、内なる自己すなわち意志を明らかにします。個人心理学で議論の的となっているように、「意志」という言葉を「意欲」の意味で使うと、自分や他人に厳しくするニュアンスを帯びてしまうので気をつけましょう。

意志は人を行動へと駆り立てるエンジンにたとえられます。仕事を完成させたり、大きな目標に全力で取り組んだり、場合によっては山をも動かすほどのエネルギーを生み出します。明確な意志がなければ、大きなことはできません。柔軟な姿勢を表現するのに「流れに身を任せる」と言うことがありますが、問題を回避しているだけだとしたら、流れに身を任せてもどこにも行き着かないでしょう。

意志数が他人との対立、つまり意志の衝突を引き起こすことがあります。その反面、対立が起こったときにそれを解消しようとするのも、意志の働きによりものです。人に行動する力を与え、クリエイティブで実りある人生に向かわせるのは、意志のなせるわざなのです。

意志数が示すあなたの意志

1
自分の欲求を満たすことにエネルギーを注ぎます。
その見返りが高くついてもかまわないと思うことさえあります。
あなたの内なる自己は勝気で負けず嫌い。率先して物事に着手しましょう。

大切な相手と一心同体になろうとするあまり、
思うように操られてしまう危険があります。
他人と関わりつつ自分を見失わないよう、気をつけましょう。

3
内容はどうであれ、多くの人にメッセージを伝えようとします。
自分の才能や資質を高めるようなコミュニケーションを心がけましょう。

保身ばかり考えて、新たな展望に背を向ける傾向があります。
アイデアを形にする努力が必要です。

意志数が示すあなたの意志

5　自由を追い求める数ですが、責任をないがしろにするべきではありません。
時には胸に手を置いて、自分のすべきことをよく考えてみましょう。

いざとなればどんな犠牲を払っても平和と調和を実現しようとします。
身の周りの環境を美しく整えることに力を注ぐとよいでしょう。

7　夢の世界に没頭する傾向があり、
時には現実との接点を見失うこともあります。
生きる上での指針を見出しましょう。

周囲の状況を変化させるきっかけを作りますが、
他人のことを考慮しない場合も多々あります。
物事の表面だけでなく深層を探り、真実を知ろうと心がけましょう。

9　世の中をよくしようと力を尽くすタイプ。
偽善者にならないよう注意しましょう。
地域社会で活動する機会が得られます。

世間の闇を照らそうとします。
しかし、見て見ぬふりをするのが一番という場合もあります。
オカルトや神秘世界との接点ができるでしょう。

22　時には私生活を犠牲にしてまで、人道問題に力を注ぎます。
自分の意志を宇宙の意志と一致させるようにしましょう。

成熟数：その1

運命数と人格数を足すと、「成熟数」と呼ばれる数が導き出されます。これは人生の行き着く先を示しています。偉人たちの生涯を見れば、その人の本性と業績の間に矛盾がないことが分かるでしょう。成熟数の影響は50代になってから現れるのが普通です。もちろん一概にそうとは言い切れず、もっと時間がかかる人もいれば、比較的早く円熟の域に達する人もいます。成熟数は人格数と運命数から導き出されるため、解釈する際にはこの2つの数との関連も考慮に入れるとよいでしょう。たとえば人格数が5で運命数が1の場合、足し合わせると調和を表す6が成熟数となります。この場合は1と5があるため6との葛藤が起こり、うまく折り合いをつけられるようになるまでは苦労が多いかもしれません。成熟数と同じ数がネームチャートのどこかにあれば、潜在能力を発揮しやすいでしょう。あるいは、自分の成熟数と一致する数をネームチャートに持つ人との出会いがきっかけで、この世に生きる意味が明らかになることもあります。

魔術師
タロットの魔術師のカードが
示しているように、
人は成熟するにつれて実力を
十分に発揮できるようになります。

本物の大人
引退後が人生最良の時
となる人もいます。

世話好き
成熟数9の人は面倒見がよく、
福祉や介護関係の職業に向いています。

143

成熟数：その2

以下に解説する成熟数は、人格数と運命数を合計して算出します。構成要素である2つの数が及ぼす影響については、該当する章を参照してください。成熟数はこの2つの波動を調和させ、一つにする方法を教えてくれるのです。

人格数と運命数の性質がかみ合っている人は、安定した人生を送るでしょう。たとえば、1と3は似たような性質を持っており、作家やアナウンサーとして成功した場合は後半生もその分野で活躍するケースが多いようです。2つの数を足すと成熟数4になるので、経済的にも安定するでしょう。

ところが、主体性の強い1とチームプレーを重んじる2では、波動がまったく異なります。このことをよく表しているのが、2人で一緒にプレイしつつ対決するテニスなどのゲームです。また、1と2を足し合わせた成熟数は3になるので、指導者や講師として後半生を送ることになるでしょう。

成熟数の意味

1　大器晩成型。出世の階段をゆっくりと着実にのぼり、頂点を極めます。いったんトップの座を占めてしまえば、叩き落とされることはないでしょう。経験を重視するタイプです。

　橋渡し役が得意な人です。年齢を重ねるにつれて、人間関係の機微に通じるようになります。特別な人との関わりを通じて、自分のことが思った以上に分かってくるでしょう。

3　コミュニケーション能力が高く、世渡り上手。言いたいことを伝えるコツをよくわきまえています。成熟するにつれてますます楽観的になり、疑うことがなくなります。

　実際的な手腕で理想を実現します。しっかりとした根拠に基づいて考えようとします。蓄積してきた経験を後半生で何らかの形にするでしょう。

成熟数の意味

5

世間から距離を置き、冷静に観察します。内なる葛藤を克服して自由になろうとします。人生経験を積むうちに、本物の自由は外の世界ではなく心の中にあると悟ります。

バランスがとれた人格者。人間としての成長につながるようなスキルを身につけるチャンスが得られます。そのスキルを困っている人たちのために使いましょう。彼らが何を必要としていて、どのように提供すればよいか、もっとも役に立つものは何かを察することができるはずです。

7

現実感覚を兼ね備えた夢想家。スピリチュアリティの探求を通じて視野を広げ、度量の大きい人になるでしょう。理想に情熱を傾けることにより、真理は一つではなく、さまざまな形をとるということを知ります。世俗にどっぷりつからずに生きるすべを身につけます。

凄腕の投資家タイプ。自力でやっていくしかない事態に遭遇します。肩代わりしてくれる人は誰もいません。実力を発揮するコツをつかみ、それを武器に乗り越えていきましょう。

9

福祉活動に力を注ぎます。世の中をよくしたいという願いは、年を重ねるにつれて実現に近づくはず。熱くなりすぎず、自分を客観視できるようになれば、理想に共感してくれる人が増えるでしょう。

魔術師タイプ。霊感を持つ者の使命を問われる場面にたびたび遭遇します。どうするか決めるのはあなた自身です。後半生には見識を高く評価されるようになるでしょう。

22

秘教を伝授する導師タイプ。死後も名を残すような偉業を達成する可能性を秘めています。世の中をよくするために多大な貢献をするかもしれません。その可能性に賭けてみることがあなたの課題です。

内なる調和と
スピリチュアリティ

　心理学者や結婚カウンセラーが言うように、素敵な出会いや結婚を求めているのなら、自分自身と向き合うことから始めなければなりません。数秘術を使ってコアナンバーを導き出し、そこに込められた意味を自分の人生と重ね合わせて解釈すれば、親密な交際をするにあたって幸先の良いスタートを切ることができるでしょう。

　あなたの内面には、それぞれ固有の性質を帯び、独自の欲求や衝動を持った数が潜んでいます。このように多種多様な性質の数が一斉にあなたの関心をひこうとすると、問題が生じます。

　十分にリハーサルを重ねたオーケストラのように、すべての数を調和させて美しいハーモニーを生み出さなくてはなりません。相性のよい数同士の組み合わせは、内なる調和をもたらします。ところが、相性の悪い組み合わせは、混乱とストレスを引き起こします。それがきっかけで、「聖なる不満」と聖書で呼ばれる内なる葛藤を抱き、生きる意味を問う旅に乗り出す人もいます。

数の相互作用

数に命を吹き込む
数を自分の人生にあてはめると、活き活きと
語りかけてくるのが感じられるでしょう。

　るで迷路のように複雑な数同士の相
互関係を解きほぐすには、実例を見て
みるのが一番です。ハリソン・フォード
については、本人の許可なくここで私的な事
柄を分析することはできません。興味のある
方はご自分で分析してみるとよいでしょう。

　先にモデルケースとして登場したジェイン
は明るい性格の7の人で、精神世界と物質
界のどちらを探求することにも関心があります。新しい考え方や思想に刺激を受けるタ
イプです。新しい生き方や異なる文化に興
味を抱き、情熱をかき立てられるのです。お
おむね順調な人生ですが、ハート数と意志数
がどちらも8なので、試練にあうことは避け
られないでしょう。自分の深層心理を探り、
馬鹿げた習慣をもとから断つことが、おそら
く彼女の人生でもっとも重要な旅となるで
しょう。そのようにして自分を変えようとい
う決意が、彼女が選んだ人生の道に必然的
に影響を及ぼします。彼女は古いパターン
から脱しようと努力を重ねており、今までに
心理療法を受けたり、さまざまな神秘思想を
学んだりしています。

　欠落数は2、4、6とすべて偶数であり、バ
ランスをとって偏りのない物の見方をする必
要があると告げています。ジェインは関心
があることにはやけに熱心で（人格数7の特
徴）、それ以外は目に入らないという極端な
ところがあるのです。また、運命数3が人格
数7と組み合わさっているので、新しい分野
を開拓したり、第一人者となったりするかも
しれません。成熟数が1なので、何か独自
のものを生み出す可能性があります。

ハリソン・フォード

生年月日：1942年7月13日

人格数：1

ハート数：22

運命数：9

意志数：6

特性数：6、9

欠落数：2、3、7

成熟数：1

ジェイン・リサ・ハリス

彼女は私のクライアントです。
本書でデータを使用する許可を
本人から得ています。

生年月日：1974年12月6日

人格数：7

ハート数：8

運命数：3

意志数：8

特性数：1　※6回も出てきます

欠落数：2、4、6

※すべて偶数であることに注意。

成熟数：1

未来予測

未来予測に関する章でジェインのストーリー
を再びとりあげ、数が示す資質を彼女がど
のようにして開花させたか見ていきます。

1から4までの組み合わせ：その1 ネームチャート

を分析する際に考慮すべき数は7種類あります。それぞれの数が固有のやり方で自己表現しようとし、そのような表現がいくつか組み合わさって人の個性を形作っています。1から4までの数はまっすぐ進むエネルギーを持っています。また、「火・水・風・地」の四大元素と「東西南北」の四方位を象徴しています。ここでは数の相互作用を解説します。数同士の相互関係は、たとえば「ハート数」「意志数」のように機能で分類するのではなく、単なる数字の組み合わせで分類します。それぞれの数がネームチャートでどのように作用するのかという詳細については、先述の解説を参照してください。ちなみにハート数と意志数の微妙なニュアンスの違いは、感情（愛）と意志のエネルギーの違いとしてとらえれば理解しやすいでしょう。つまり、ハート数はあなたの感情と愛情で結ばれており、意志数はあなたの意志と厳格な関係にあると考えることができます。ただし、2つの数の組み合わせを解釈するといっても、合計した数が対象となるわけではありません。2つの数の合計ではなく、数同士の結びつきに着目しましょう。

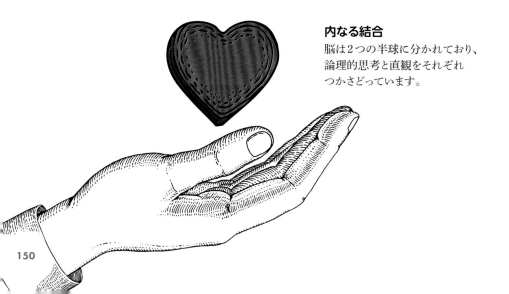

内なる結合

脳は2つの半球に分かれており、
論理的思考と直観をそれぞれ
つかさどっています。

150

四大元素

四大元素と四方位には
対応関係があります。

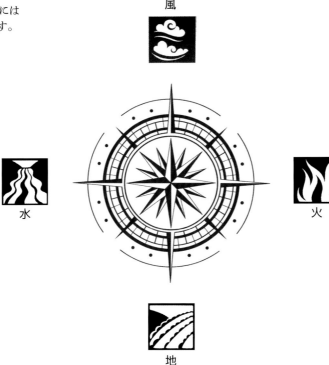

風

水

火

地

愛情を込めて

数の組み合わせは、
前向きな態度で
愛情込めて分析
しなければなりません。

1から4までの組み合わせ：その2

ニッコロ・マキャヴェッリ
3と8の組み合わせの
典型例です。

数の組み合わせによる相互作用が人間の性格にどのような影響を及ぼしているかということを、以下の表におおまかに記してあります。数の組み合わせが持つ意味には、プラス面とマイナス面があります。慣れればそのうち自分なりの解釈を加えられるようになるでしょう。ネームチャートにあるすべての数を対象とし、それぞれの数の性質に従ってさまざまなやり方で結び付けていきます。身近な人のリーディングをしながら知識を吸収し、直観を磨くとよいでしょう。

1（行動への意欲）との組み合わせ

1	行動力が2倍になり、全力で集中できる。自己中心的な傾向がある。
2	自分の欲求と他人への思いやりとの間で、うまく折り合いをつけることができる。優柔不断に注意。
3	実行力と情報伝達力を兼ね備えている。ただし、口は災いのもとと心得るべき。
4	慎重に行動する反面、フラストレーションがたまりやすい。
5	自由を求める。アイデアに熱中するが、ひとりよがりは禁物。
6	完璧主義者で美的センスに優れている。現状に甘んじないよう気をつけること。
7	永遠の学徒。自意識が希薄になりやすく、現実逃避に走ることも。
8	破壊と創造の欲求に突き動かされる。やり過ぎる傾向がある。
9	よりよい社会のために活動する理想主義者。政治の話ばかりして他人を退屈させないこと。

2（人と関わる欲求）との組み合わせ

2	人とのつながりを求める気持ちが2倍に強まる。相手に合わせ過ぎないよう注意が必要。
3	言葉をうまく使って調停役を果たす。言葉巧みに人を操ることも。
4	家庭を大切にする。2の静的な波動が2倍に増幅されるため、腰が重い傾向がある。
5	しがらみから自由になろうとする。恋愛面では相手と深く関わるのが苦手。
6	人の面倒を見たり、癒したりする。恋愛に関して理想が高すぎる。
7	愛する人を偶像視する。手の届かない相手を好きになることも。
8	パワフルな人にひかれる。人の心を操ろうとすることがある。
9	理想をかたく信じている。世の中を良くするため、すべてを犠牲にして奮闘する。

3（コミュニケーションの欲求）との組み合わせ

3	旅が好き。教師の資質がある。情報通だが、噂話にうつつをぬかすのはやめよう。
4	作家に向いている。言葉を形にしようとする。話すのは得意ではなく、口ごもってしまう。
5	情報を自由にやりとりする。強そうに見えて実は甘えん坊。横柄な態度をとらないよう注意を要する。
6	美しい言葉を愛する詩人タイプ。いい声をしている。吟遊詩人。メッセンジャー。
7	夢の世界を言葉で表現する才能がある。SFやファンタジーの作家に向いている。
8	伝道者。世論を動かす力がある。鋭いウィットの持ち主。陰謀策略をめぐらすことも。
9	ものを考えたり議論を交わしたりするのが好き。口論に巻き込まれないよう気をつけよう。

4（構築への欲求）との組み合わせ

4	何ごともきちんとしなければ気がすまない。いったん決めたら、てこでも動かないタイプ。偏屈になるおそれあり。
5	机上の空論に終わらせず、具体策を打ち出せる人。創意工夫の才があり、人に物を教えるのが得意。スランプに陥って文章が書けなくなってしまうことがある。
6	研ぎ澄まされた感覚を持っており、ヒーラーやカイロプラクターに向いている。美を形にしたがる。彫刻家タイプ。
7	現実感覚を持ち合わせた理想主義者。神秘的なヴィジョンを求めて旅をする。
8	銀行家タイプ。この組み合わせがある人は欲深くなりやすい。スノッブな一面も。
9	世の中をよりよくするための仕組みを作ろうとする。理想のために戦う人。自由の闘士。

5から9までの組み合わせ：その1 ネームチャート

に何度も出てくる特性数は、特定の性質を強化します。一方、欠落数は容易に達成できない
苦手分野を示します。カルマ的な数として分類されることから分かるように、これらの数の波
動は円満な人格を形成するために欠かせません。5から9までの数の波動は微細なエネルギー
を帯びており、大きな数になるにつれてその傾向は強まります。5のエネルギーに触発されて
抽象的なアイデアが生まれ、9の働きでそれが形になります。人の心の奥深くに宿る数の組み
合わせを読み解くことで、複雑で興味深い個性を形成する要素が明らかになります。たった一
つの数から構成されている人はどこにもいません。ネームチャートに特定の数がどれほど頻繁
に現れるとしても、それ以外の数も必ず存在し、影響を及ぼしているはずです。特定の数の性
質だけが表面にあらわれる人がいるとしたら、実際には他の数のエネルギーが滞っていて刺激
を受けられずにいるか、あるいは本人がそれを嫌がっている証拠です。停滞したエネルギーを
目覚めさせ、スムーズに流れるようにするのも、数秘術師の仕事のうちなのです。

瞑想
心の平らぎと内なる調和を見出すには、
チャクラ間のバランスをとる
必要があります。

7 頭頂のチャクラ
（松果体）：もっとも
スピリチュアルな中枢。

6 額のチャクラ
（脳下垂体）：
第三の眼ともいう。
直観をつかさどる。

5 喉のチャクラ
（甲状腺と副甲状腺）：
創造力をつかさどる。

4 胸のチャクラ
（心臓）：
高次の欲求と
低俗な欲求の
バランスをとる。

3 みぞおちの
チャクラ
（横隔膜）：
意志を
つかさどる。

1 基底のチャクラ（会陰）：
本能をつかさどる。
大地との接点である。

2 仙骨のチャクラ（下腹部）：
情動をつかさどる

5から9までの組み合わせ:その2

安らぎ
心の平安は
落ち着いた物腰に表れます。

内なる調和とスピリチュアリティ

　5から9までの数は社会性を帯びており、協調したい、人の役に立ちたいという欲求を表します。マスター数を持つ人の場合は、その欲求が身近な社会を超えて政治の世界にまで及びます。ネームチャートにあるそれ以外の数の性質が大義に悪影響を及ぼさないよう、細心の注意を払わなければなりません。

　この種の情報はかつて門外不出の奥義とされ、秘密結社の中だけで伝授されていましたが、現在では一般の人々にも開かれており、自分を知って強くなるチャンスとして活用することができます。

　自分の性格を形作っているさまざまなエネルギーについて知り、受け入れることから、内なる調和は生まれます。この調和はオーケストラにたとえることができるでしょう。指揮者が演奏家たちを一つにまとめ、美しいハーモニーを生み出すのです。内面のさまざまなエネルギーを調和させることができれば、全体性と心の健やかさが得られます。誰しも本来こうあるべきですが、神秘的な力を持つ人の特権だと思われていることもあります。

　マスター数である11と22を持つ人のほとんどは、若いうちは2ないしは4の人のように過ごします。年をとるにつれて次第にマスター数の影響が現れてきますが、その頃には十分に人生経験を積み、それなりの地位を築いて、マスター数の波動を使いこなせるようになっているのです。

　11は人々の意識を高め、神秘世界に目を向けさせたいという欲求をもたらします。

　22は個人の枠を超えた大きな目標に向かう数であり、どの数と組み合わさった場合でも、世の中をよくする活動にたずさわりたいという願いをもたらします。

5（自由への欲求）との組み合わせ

5　アイデアを探求する喜び。自由と知識を重んじる。精神的な消耗に注意。

6　美術史家や評論家に向いている。バランスのとれた考え方をする。完璧主義者なので、あら捜しばかりしないよう気をつけよう。

7　神秘の世界を旅する人。観念的な事柄にのめりこむ。真理の探究者。

8　人生が一変するようなパワフルな構想を抱く。人の心を読むのがうまい。メッセージを広め、世論を動かす力がある。

9　人道主義的な政治理念を実行する。自由の闘士か、さもなければテロリスト。

6（調和と美を求める心）との組み合わせ

6　橋渡し役。美と癒しを結びつける。完璧さに固執する。

7　人の和を重んじる。性善説を信じている。恋人を偶像視する。

8　愛を別な形にしようとする。お金と引き換えに愛情を売ることのないよう注意。打算的な愛に走りやすい。

9　行動と理念の間でバランスをとるのがうまい。結果にこだわり過ぎると調子を崩す。

7（理想主義への欲求）との組み合わせ

7　安楽いすに座ったまま精神世界を旅する。探究し、境界を越える人。現実逃避の傾向がある。

8　形あるものを信じる。シニカルな無神論者になりやすい。

9　社会改革者。崇高な理想に燃える。現実感覚を失うこともある。

8（重大な変化への欲求）との組み合わせ

8　きわめて強固な意志。他人の変化よりも自分自身が変化することに抵抗感を抱く。強情。

9　世の中をよくしようとする。尻切れとんぼに終わることもある。破壊的な性格。

9（社会活動への欲求）との組み合わせ

9　社会や集団の利益を最優先する。私生活を顧みない。

相性診断

　人がお互いにどのように関わり合うのか、さまざまな場面における関係から何を得るのかということが、数秘術を通じて明らかになります。人間関係にはいろいろあります。親、恋人、上司、友人との関係もあれば、かかりつけの歯科医との関係もあります。ただし、誰にでも同じように接しているわけではありません。

　世の中には、第三者から見て疑問に思うような相手と結婚したり、一緒に暮らしたりしている人もいますが、数秘術を使えばそのわけが分かります。親密な関係にある2人の間で実際に何が起こっているのか、部外者にはうかがい知れないものです。しかし、その2人が持つ数の組み合わせを調べてみれば、補い合っている部分が見えてくるでしょう。

ジェインの人間関係

愛し合うさだめ
ちょうど人間の恋人同士のように、ある数が別の数に
どうしようもなくひきつけられることがあります。

他者を理解する第一歩は、人の性格は十人十色であり、求めるものも人によって違うという事実を受け入れることです。どんな人間関係からも何かしら得るものはあり、人生経験、教訓、二度と同じ過ちは犯さないという決意などをもたらします。それはお互いに成長するためにもたらされた、生来の素質や過去生からの縁を示す道しるべなのです。

どんな関係にも最低2人の人間が関わっています。ところが、数秘術で深層を探ってみると、そこにはもっと複雑な要素がからんでいることが分かります。誰のネームチャートにもさまざまな数がいくつも含まれており、人間関係に求めることがそれぞれの数によって異なるからです。

論より証拠

先ほど具体例として挙げたジェイン・リサ・ハリスは、人格数が7で運命数は3です。彼女のチャートは8が2回出てくる以外はすべて奇数から構成されており、特性数は1であり、欠落数は2、4、6です（p.149を参照）。彼女に高次の自己を引き合わせ、全体性、健康、幸福をもたらすのはどの数でしょうか。

ジェインの夫のチャートには（守秘義務上の理由から詳しいデータは非公開とします）、人格数1と運命数11（ないしは2）が含まれています。この夫婦は長年にわたり結婚生活を営んでいました。彼の人格数は1であり、ジェインが自立心を養い、興味のある分野を探究するよう励ましてきました。一方、彼のハート数は8であり、ジェインのチャートにも8があるので、目指す方向性は同じです。しかし、2人とも一緒にやっていくのは荷が重すぎて、結局は分かれてしまいました。

　彼の意志数は2であり、ジェインは8です。あまり相性のよくない組み合わせであり、どちらか一方が強硬に意見を主張すると、2人の仲がこじれます。けんかをすれば必ず8の人は2の人を思い通りに操ろうとし、話し合いが決裂して気まずい沈黙に陥る場合がほとんどです。

　ジェインの成熟数は1、夫の成熟数は3であり、合計すると4になります。子どもを育てることで幸せな家庭を築く組み合わせです。しかし、ジェインは人格数7の影響から独立心がとても強く、結婚生活を続けることができませんでした。そこで2人はそれぞれの創造性を伸ばしていくために、別々の道を行くことにしたのです。

数同士の相性

数秘術を使えば簡単に相性が分かります。恋人同士のチャートをじっくり調べれば、なぜひかれ合っているのか納得がいくはずです。

至 福

自分が持つ数と
他の数との相性を知ることで、
自分にとってなぜある人が
特別な存在なのかが
分かるようになります。

1の人と2の人の相性

理想的な組み合わせです。1の人は外向的で積極性があり、自信にあふれていますが、2の人は慎重で思慮深く、どちらかといえば受け身です。2の人は何かにつけ「お先にどうぞ」と言うタイプであり、「私が先！」という1の人には願ってもない相手です。実際、お互いにしっくりくると感じられ、理想の結合、つまり元型の例といえます。同じ数を持つ人同士も強くひかれ合いますが、それは自分にとって馴染みのある波動を相手が持っているからです。1の人同士は一緒にスポーツをしたりして活発に動き回る傾向があり、共通の目標があればうまくいきます。2の人同士の組み合わせは、もっぱら家の中で過ごし、お互いに向き合い、愛情のこもった日常を飽きずに繰り返します。たまには相手と距離を置くようにすれば、この関係はうまくいくでしょう。2の人同士の組み合わせは世間から孤立しがちなので、残りの人生を2人きりでさまようことのないよう気をつけましょう。

エネルギッシュな組み合わせ
1の人同士は競い合うことで
愛がますます高まります。

長続きの秘訣

1の人同士の関係は、
趣味や仕事で
共通の目標があれば
うまくいくでしょう。

穏やかな組み合わせ

2の人同士には
平穏無事な生活が合っています。

人間関係の傾向：1の人と2の人の場合

一体感
自然にしっくりくる数同士もあれば、
少しばかり努力を要する
組み合わせもあります。

1の人の場合

1の人は誰が相手でも興奮、活気、情熱にあふれ、楽しく付き合うことができます。3の人とはうまが合います。4の人には色気を感じますが、じれったく思うかもしれません。5の人とは激しい議論をたたかわせます。6の人とはいい友だちで、手に手を取って進みます。7の人は一緒に遊びまわる仲間としてはいいでしょう。8の人とは主導権をめぐって争います。9の人とはいい刺激を与え合う仲ですが、私生活がおろそかになりがちです。

仕事面では、てきぱきしていて上昇志向の強い1の人に、とても協力的で協調性がある

2の人が個人秘書としてつけば、大変な時でも支えてもらえるでしょう。1の人の場合、自分の裁量でのびのびと働くことができるなら、仕事上の人間関係は良好です。4の人が上司の場合は1の人に制約を課すかもしれませんが、自制心を学ぶきっかけとなります。とはいえ一般的には、自営業を営むか、2の人や6の人を部下に持つ方が、1の人にはやりやすいでしょう。

親子関係では、1の人は子どもの持つ数が自分とは異なり、意欲的な側面を受け継いでいないとしても、それを大目に見てやらねばなりません。

2の人の場合

2の人は直観的で繊細なので、1の人が営業部長の場合、その人を有能なやり手だと評価します。2の人は同僚をサポートするタイプで、誕生日や記念日をちゃんと覚えています。とはいえ、3や5の人が上司の場合は直観よりも知性が重んじられるので、2の人は過小評価されていると感じるかもしれません。2の人と4の人は一緒に家族経営の会社を運営すると成功するでしょう。

恋愛面では2の人は相手が誰であれ情緒がこまやかで繊細であり、意見を口にする前によく考えるたちです。3の人と付き合うと

開放的な気分になり、一緒に旅行を楽しんだりします。4の人とはスキンシップが多くなります。結婚して家庭を築く可能性が高い組み合わせです。5の人が相手だと、いくら言葉を尽くしても気持ちを伝えきれません。6の人とは美意識の高さが共通しており、一緒に美しいものを作り出すでしょう。7の人に対しては、2の人は感情表現を控える傾向があります。8の人は2の人の繊細な神経を逆なでし、傷つけるかもしれません。9の人は2の人に甘えたがります。

　親子関係では、2の人は子どもを過保護にしないこと。不安感を植え付けず、子どもが思い切って行動を起こせるようにしてやりましょう。

縁結び

人を引き合わせて結びつけるにはコツがいり、一朝一夕には身につかないものです。それを容易にできる人は、恋愛・結婚カウンセラーの素質があります。

3の人と4の人の相性

3の人と4の人では表現のしかたや反応がまるで違います。3の人は開放的な性格で、人生を目いっぱい楽しもうとします。4の人は用心深く、自分の資産をきちんと管理しようとします。3の人にピアノを弾かせると、あらんかぎりの音や和音を使おうとします。4の人は両手の人差し指を使って一度に二つの音を鳴らすという、必要最低限の方法をとります。3の人と4の人の間では、金銭感覚の違いが揉めごとの原因になることが多いでしょう。3の人はお金を気前よく使い、4の人はせっせと貯めるたちだからです。3の人同士が付き合うと、たびたび海外旅行に出かけたりして楽しみます。精神的な刺激を与え合う間柄であり、生きる意味について夜通し語り合うようなこともあります。彼らの家庭生活は、文化が異なる者同士でも愛し合うことができるという好例になるでしょう。一方、4の人同士の組み合わせでは、お互いに几帳面で頑固すぎると感じる場面が多いかもしれません。4の人は安心感を求めるタイプであり、不動産に投資したがるので、4の人同士の関係はビジネスライクな傾向が強くなるでしょう。4の人の場合、心の安らぎよりも経済的な安定を優先するため、晩婚になることもよくあります。4の人同士のカップルは、一緒に会社を経営したり、不動産を運用したりするとよいでしょう。あるいは、つかず離れずの関係でうまくいくケースもあります。

文化的な生活
3の人同士のカップルは、
心を豊かにするような
家庭生活を営みます。

静かな景色
4の人は恋愛や結婚にも
このような静けさを求めます。

放浪の許可証
3の人は家族全員を引き連れて
旅をしようと、トレーラーハウスを
ほしがることさえあります。

人間関係の傾向：
3の人と4の人の場合

共に成長する
4の人はまるで家族の世話をするように、
愛情込めて庭の手入れをします。

3の人の場合

3の人と4の人の組み合わせについては、先ほどとりあげた通りです。結婚相手にするよりも、仕事上の関係を結んだ方がうまくいくでしょう。

3の人と付き合うと誰でも精神的な刺激を受け、一緒にさまざまな経験をして視野を広げます。3の人は機知に富み、おおらかで陽気な性格です。3の人にとって2の人は、この人が待つ家に帰れたらどんなに幸せだろうと思わせる相手です。3の人は付き合いが多く、あちこち出歩くたちですが、6の人ならいやな顔ひとつせず見守ってくれます。9の人とは、新規事業を一緒におこせば大成功を

収めるでしょう。5の人とは、二人で話す機会がない状態が長く続くと、3の人はさっさと荷造りをしてアンデス山脈に旅立ってしまうかもしれません。

仕事の面では、3の人は翻訳部門で働いたり、外国からの訪問者の接待役をしたりするのが一番向いています。4の人の上司に対しては、仕事への取り組み方があまりに堅苦しいと感じます。4の人は3の人に別の仕事を探すか、フリーになるよう促すかもしれません。8の人が経理担当であれば、3の人を助けて財政的な問題を解決してくれるでしょう。

親子関係においては、3の人は子どもが学校に上がる前は北欧神話やギリシャ神話をよく読み聞かせたりしますが、決まった時間に食事をするなどのしつけの面には甘い傾向があります。子どもの髪が乱れていたり、ボタンがとれているのを見落としがちなので気をつけましょう。

4の人の場合

恋愛面では相手が誰であれ4の人は官能を重んじ、堅実で信頼の置ける恋人となります。5の人に対しては、置いていかれるような気がしてあせることがあります。7の人と付き合うと、水漏れするボートに乗っているかのようにはらはらしてしまうかもしれませ

ん。4の人は概して、感情優位の2、7、9の人たちとは考え方が異なり、彼らに新しい物の見方を教えます。6の人とは固い友情で結ばれます。恋愛に発展すれば一番長続きするでしょう。

　仕事の面では、4の人は誠実で頼りになる働き者であり、長期的な目標に向けて静かに野心を燃やすタイプなので、時にはマンネリから抜け出す刺激を与えてくれるような数を持つ人が周囲にいるとよいでしょう。3の人は海外進出を提案し、2の人は4の人がイエスと言いさえすれば合併話をうまく進めてくれます。5の人は4の人にとっては落ち着きがないように見えますが、きらりと光る独創的なアイデアをたくさん持っています。

　親子関係においては、ペットを飼う、ガーデニングをする、ハイキングに出かけるなど、子どもと一緒に体を動かすのを楽しむタイプです。子どもにはお小遣いを節約するよう言い聞かせます。

強固な愛

4の人はいったん思いを寄せたら揺るぎない愛を注ぎます。移り気なところはまったくなく、安定と調和のある関係を求めます。

5の人と6の人の相性

5の人と6の人には社交性があり、積極的に他人と交わります。5は外向的であり、うわさや口コミを広める数なので、聞き手を必要とするのに対して、6には磁石のような魅力があり、美しさ、誠実さ、人あたりのよさで他人をひきつけます。どちらの数を持つ人も、パートナーが自分のやりたいことをし、自立した生き方をするのを受け入れます。5の人と6の人はロマンティックで刺激的な関係を結ぶことができ、それが真の友情に発展する可能性があります。5の人同士が付き合うと、一緒に外に出て動き回るのを楽しみます。近所にとっておきの飲み屋やレストランを見つけ、2人で常連になったりします。このカップルの交際範囲は広く、周りに自然と人の輪ができるので、表に出かけてさびしい思いをすることはめったにありません。5の人にとっては活発な意見交換や議論が活力の源です。一方、6の人には誰に対しても気さくで、恋人にするには理想のタイプです。ロマンティックでセクシーで、相手の望みを敏感に察することができ、恋をするのが大好きだからです。どのような形の関係を結ぶにせよ、よきパートナーになろうとせいいっぱい努めます。それとは逆に、恋人に対して距離を置き、クールにふるまうこともあります。6の人にとっては相手への情熱よりもむしろ愛の観念の方が大切だからです。6の人同士が結婚すれば二人で思い切ったことができるでしょう。5の人が相手であれば、同じ夢を一緒に追い求める可能性はさらに高くなります。

会食を楽しむ
社交的な6の人は
おおぜいの人たちと
交わるのが好きです。

ディナーを大切にする
6の人はエキゾチックな食べ物と
おいしいワインを何より大切にします。

レストラン通
5の人はパートナーと一緒に
外国の料理を食べるのが
好きです。

花言葉
6の人はここぞという時に
必ず花を贈ります。

人間関係の傾向：
5の人と6の人の場合

自由
5の人と付き合うと、先が読めず、
刺激に満ちた人生を送ることになるでしょう。

5の人の場合

5の人はどんな人間関係においても、精神的な刺激を受け、会話が途切れずに続くのを望みます。何より大切なのは、相手がきちんと受け答えしてくれることなのです。相手が黙りこくるのを、5の人はひどく恐れます。

3の人は5の人の気持ちを優先するあまり、世間の常識を大きく踏み外すことがありますが、その渦中にあるときには周囲の助言に耳を傾けようとはしません。7の人が迷っているとき、5の人は方位磁針や地図のように正しい方向を示してやります。5の人と7の人は考え方がまるきり違うように見えます。5の人と8の人の間には、サイフのひもを握

るのはどちらで、それはなぜかという問題をめぐって、もめごとや口論が起こることもあります。

仕事の場では、5の人は進行状況を職場の人たちにこまめに報告します。4の人が上司の場合は、頭の回転が速くて独創的なアイデアを持つという、5の人の長所が頼りにされるでしょう。地域社会の状況を改善するための資金集めの企画を練る場合は、9の人と一緒だとうまくいきます。週末に職場の同僚たちと遊びに行く計画を立てる際には、1の人と取り組むとよいでしょう。

親子関係においては、5の人は子どもを上手に刺激して好奇心をかき立てることができます。しかし、引っ込み思案で内向的な子どもを理解してあげるのは、自分がそうではなかっただけに難しいかもしれません。

6の人の場合

6の人は付き合いはじめの段階が好きで、恋愛上手です。お互いに満足できる妥協点を必ず見出します。誰にでも分けへだてなく接し、クールにふるまいます。官能的で、愛する人の望みを敏感に察する6の人は、誰とでも仲良くできますが、特に7、9、2の人とはうまくいきます。3の人は熱中しやすい性

格なので、6の人から見ると野暮ったく感じられ、かみ合わないことがあります。8の人は情熱と感受性をほどほどに兼ね備えているのでうまくいくでしょう。

　6の人は親しみやすい人柄を活かして、美容や健康の分野で働くとよいでしょう。特に4と8の人が上司だと働きやすいようです。また、9の人の人道主義と視野の広さには大いに感心させられます。

　6の人が親になると、子どもを美しく飾り立てようとし、容貌や服装を気にかけます。子どもをモデル教室や芸能学校に通わせる人もいます。

恋愛の技巧

6の人は恋愛上手。相手を夢中にさせるテクニックの持ち主で、飽きられないコツをわきまえています。

7、8、9の人の相性

1ケタの数の最後にくるこの3つの数は、家庭料理や手編みのソックスでは飽き足らないという恋愛・結婚観を持っています。視野が広く、大局的に物事に取り組むタイプなので、それを補ってくれるパートナーが必要なのです。7の人と9の人はたいてい「聖なる不満」で心がいっぱいで、生まれながらの放浪者です。彼らにとってはたまたま居合わせた場所がわが家であり、愛する人を束縛しようとはしません。自分自身の性格がそうであるように、気楽で制約がない関係を求めます。7の人は独りで長時間過ごすことを好むため、パートナーにとっては扱いにくいかもしれません。9の人は長年温めている企画を恋人よりも優先したりするので、7の人と9の人の組み合わせは意外にうまくいく場合もあります。それとは逆に8の人は情熱的なタイプで、愛する人を束縛したがります。8の人が「私の妻（ないしは夫）」と言うときには、「私の」という所有格に重点が置かれているのです。8の人同士が一緒になると、天地がひっくり返るような大恋愛になります。その後別れてしまうと、かなり長いあいだ険悪な状態が続くかもしれません。8の人は恋愛や結婚で主導権を握りたがり、財布のひもをしっかり握ろうとします。

おいしい料理
7の人と9の人だけでなく、
8の人もすばらしい
手料理を作ります。

7の人のモットー
「そのとき帽子を
かけた場所がわが家」

ささやかな幸せ
7と9の人は生来の放浪者なので、
家庭の団欒を強く求めることはありません。

五感の楽しみ
8の人はシャワーよりも断然お風呂が好き。
さっと体を洗ってリフレッシュするよりも、
湯船にのんびり浸かってリラックスしたいのです。

175

人間関係の傾向：
7、8、9の人の場合

倹約家
8の人はお金にはうるさく、
財布のひもをしっかり締めておくタイプです。

7の人の場合

7の人を恋愛に駆り立てるのに、寂しさは十分な理由にはなりません。生身の人間というよりも神聖な存在として偶像視できる相手でなければ、恋に落ちることはないのです。7の人が恋愛をすると、魂が拡大して宇宙の核に触れるような感覚を抱きます。そのような体験から彼らが生み出す詩や音楽は、まさにインスピレーションの賜物です。愛する人が結局はただの人間にすぎないと分かると、7の人はどこか遠くの地に旅立つため荷造りを始めます。7の人はどの数の人ともうまくやっていくことができま

すが、それはたぶんパートナーの欠点が気にならないからでしょう。彼らは夢の世界にどっぷり浸かって生きていて、めったに地上に降りてきません。独りでいるのが好きで、自分だけの世界を作り出して繰り広げているときが一番幸せなのです。

親子関係においては、7の人は子どもの世界に入り込み、子どもと一緒にわれを忘れて楽しむことができます。

8の人の場合

8の人は情熱と野心に駆り立てられて人生の伴侶を選びます。ただし、ここでは「人生」に力点が置かれています。8の人はパワフルなやり手であり、自分と完璧に釣合う人を結婚相手に求めるのです。お金には不自由しませんが、金銭欲が強いので、恋愛関係や結婚生活でも気前よくふるまうことはありません。パートナーになる人はその点を心しておきましょう。

8の人には磁石のように他人をひきつける魅力があり、絶大な影響力を及ぼします。7の人の非現実的で気取ったところは、9の人をいら立たせます。1の人はエネルギーがありあまっているので9の人は手を焼きます。

176

2、4、6の人とはしっくりくるでしょう。

　親子関係においては、8の人は自分の子ども時代に欠けていたものを与えてやろうとします。

9の人の場合

　9の人は世界救済に取り組むときにそばにいてくれる協力者を求めます。社会問題への関心、政治的信条、スピリチュアルな理想を共有できる人にひかれます。9の人は物事に熱狂するタイプで、世の中を変える力が自分にあると思っているので、パートナーになる人は振り回されるかもしれません。

　9の人はやる気に満ちあふれているので、4の人と8の人があまりにも慎重で保守的だと感じます。しかし、8の人は9の人の企画に資金を提供し、よきビジネスパートナーになるでしょう。

結婚相手の選び方

7の人と9の人は、自分とはまったく異なる文化や宗教的背景を持つパートナーを選ぶ傾向があります。8の人は身近な相手と結婚することが多いようです。

　親子関係においては、9の人は自分の子どもが赤ん坊のときよりも10代になってからの方がうまく付き合えるでしょう。子どもをテニスのラリーや討論会に連れ出し、一緒に楽しみます。

未来予測

　コアナンバーがすべてそろったら、未来予測の世界に足を踏み入れることができます。数秘術を使えば、未来だけでなく過去と現在も含めた特定の時期にどの数のエネルギーが作用するかが分かります。ただし、その影響が具体的にどのような形で現れるのかといった詳細までは分からないかもしれません。

　この章には「頂点数」「試練数」「個人年」という３つの概念が出てきます。これらの数の計算方法をマスターするのは難しくありません。

　頂点数と試練数の出し方は、占星術の「プログレッション」によく似ており、コアナンバーの計算と直接関わってきます。これらの数はもともと象徴的な数であり、それを算出するのは潜在能力を解明するようなものです。個人年はその人に固有の周期を表します。

頂点数：その１

ヒーラー

ジェインは長年にわたり
代替医療の仕事を
することになるでしょう。

進するにはどうしたらよいかを示す数なのです。ただし、それぞれの時期をおおまかに象徴するものであり、詳細を予測することはできません。

4つの時期の求め方

最初と最後の頂点数は、人生の4区分のうちもっとも長い時期に相当します。中間の2つの頂点数は9年ずつ続きます。4番目の時期はいつ終わるか決まっていません。その人が死ぬまで続くのです。

第1頂点数が象徴する第1期はこの世に生まれた日から始まり、最短でも18歳まで続くことになっています。そうでなければ人生があっという間に終わってしまうでしょう。第1期の終了年齢は36歳から運命数を引いて算出します。

ジェインの場合、36マイナス3（運命数）

人は誰しも4つの頂点数を持っています。人生を4つの時期に区切り、各頂点数がそれぞれの時期のテーマを表します。潜在能力がいつ、どのようにして発揮されるのか、そのプロセスを促

頂点数の計算方法

例：1974年12月6日（ジェインの生年月日）＝運命数**3**

第1頂点数： 生まれ日と生まれ月を足す　6＋12＝18＝**9**

第2頂点数： 生まれ日と生まれ年を足す　6＋3＝**9**

第3頂点数： 第1期と第2期の頂点数を足す　9＋9＝18＝**9**

第4頂点数： 生まれ月と生まれ年を足し合わせる　12＋3＝15＝**6**

で33になります。したがって、彼女の第1期は33歳で終わります。ジェインの頂点数は普通とは少し違っていて、51歳までの3つの時期が同じ数（頂点数9）で支配されています。これは癒しと理想主義に深く関わる運命を暗示しています。彼女はすでに頂点数9の第1期に代替医療の道に進む選択をしているため、年齢を重ねるにつれてこの分野の勉強にますます熱心に取り組むと考えられます。また、目標を達成するため全力を尽くすでしょう。

　ジェインのケースは例外といってよく、普通は時期によって頂点数が異なります。最初の3つの時期をすでに経験している人の頂点数を、試しに出してみるとよいでしょう。時期の移行にともなって新たに出現した頂点数に対し、その人がどのように対処したのかということを、転機となった時期を中心に調べてみましょう。それが未来予測の第一歩となるでしょう。

ジェインの4つの時期と頂点数

第1期	0〜33歳	頂点数9
第2期	33〜42歳	頂点数9
第3期	42〜51歳	頂点数9
第4期	51歳〜	頂点数6

頂点数：その2

頂点数は運命数と結びついており、潜在能力を知るのに役立ちます。頂点数を見れば、隠れた才能が4つの時期にどのような形で現れるのかが分かるのです。第1期と最後の第4期が一番長く、中間の2つは9年ずつ続きます。第4期には終了年齢が決まっておらず、死ぬまで続きます。第1期は生まれたときから始まり、36から運命数を引いた数が終了年齢に相当します。この数は第2期が始まる年齢でもあります。頂点数は運命数（p.180-191を参照）を構成するさまざまな数字を使い、時期ごとに別個に算出するため、1から9までの数が順番に並ぶわけではありません。4つの時期に同じ頂点数が何度か出てくることもあります。また、マスター数が頂点数になる場合もあり、その時期は意識が非常に高まり、神秘的な世界への感受性が強くなります。ただし、マスター数のエネルギーは若いうちは表現するのが難しいため、特にマスター数が第1頂点数として現れた場合は、2か4の波動に還元して過ごす人もよくいます。

頂点数
頂点数は人生の
それぞれの時期に自分の力を
最大限に発揮するヒントを
教えてくれます。

第4期
社会的成功と
内なる成長が
絶妙なバランスで
その後の人生を支えます。

第1期
成長期。
若い頃につちかったことが、
社会に出ていくときの
自信につながります。

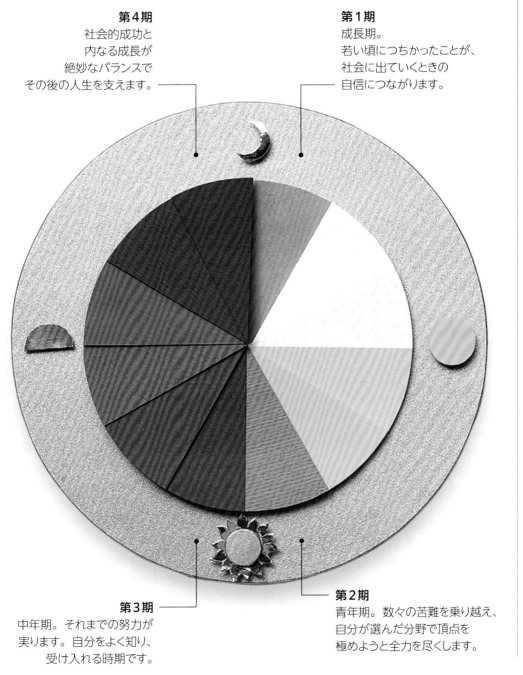

第3期
中年期。それまでの努力が
実ります。自分をよく知り、
受け入れる時期です。

第2期
青年期。数々の苦難を乗り越え、
自分が選んだ分野で頂点を
極めようと全力を尽くします。

頂点数が表す人生

以 下に挙げた1から9までの数字は、若者から高齢者までの4つの時期のどれにもあてはまります。たとえば、頂点数5といっても、10代の若者と55歳の中高年では違う形で経験するでしょう。その数が象徴する時期のおおまかな特徴は似通っているかもしれませんが、それをどのように体現するかは年代によって異なるのです。また、人格数も考慮に入れなければなりません。頂点数の現れ方は人によって異なるからです。

頂点数の解釈

1
自己主張と達成の時期です。目標を設定し、行動に移しましょう。世間に出ていき、本当の自分を見つけます。臆せず自分をアピールしましょう。外向的な人格数を持つ人にとっては物事が順調に進む時期なので、現状にしがみつかずに積極的に動きましょう。

2
人との関わりに焦点が置かれる時期です。親密な関係を結び、ともに生きることを学びます。我を抑え、周囲の人々と協調するのがテーマとなります。人格数が偶数の人にとっては、比較的容易に乗り切れる時期です。頂点数2の波動はスタンドプレーや自己主張とは相容れないからです。

3
人生でもっとも楽観的に過ごせる時期です。人生経験、知識、交際範囲が広がります。海外旅行をしたり、外国で働いたりするのに適しています。隠れた才能や資質を見出し、それを発揮しようと努力するでしょう。外国の人と知り合って人生が大きく変わるかもしれません。あるいは、それまでの文化的・宗教的背景を揺るがすような思想と出会い、自分自身をとらえなおすかもしれません。

4
必死で働くものの、たいした報酬は得られません。時間と才能を効率よく活かす方法を学ぶ時期なので、それが身につけば成果が得られるでしょう。あまり愉快に過ごせる時期ではありませんが、最終的には努力が報われます。たとえば、家計を立て直すといったやむを得ない事情から、自分の資産をつぎ込むことになるかもしれません。

頂点数の解釈

5
変化の多い時期です。制約のある窮屈なパターンを手放し、古い枠組みを壊せば、晴れて自由の身です。コミュニケーション能力と独創性を伸ばしましょう。積極的に外に出て、さまざまな人と交流することになります。たとえば、子どもが初めて家を離れる時期などに相当します。

6
家庭人としての責任に目を向ける時期です。介護やカウンセリングのスキルを磨くのに適しています。個人的な幸せやお金のことを考えるにはよい時期です。所有している物件をリフォームしたり、美化したりするのにお金を使うかもしれません。大切な人と出会う可能性が高まります。実際には頂点数6の時期は、どのような人間関係も重要なポイントとなるのです。

7
高等教育を受けたり、研究に取り組んだりするのに適しています。平凡な家庭生活から遠ざかり、スピリチュアルな世界に旅立つ時期でもあります。内省を深め、本当の自分に目覚めましょう。心理療法を受ける人もいます。哲学的ないしは神秘的な側面のある代替医療やヒーリングの勉強をするかもしれません。

8
現実に目を向けるというのが、この時期の唯一のモットーです。お金のことはきちんとしなければなりません。年金、住宅ローン、借金の返済に焦点が置かれます。ここで足場を固めておけば、その後の人生は安泰です。また、周囲の人たちに及ぼす影響をよく考え、柔軟な態度で接するとよいでしょう。

9
理想主義と問題意識に目覚めます。長年の不毛な境遇にピリオドを打つ時期です。人道主義と理想主義的な価値観が前面に出てきます。心を豊かにするような社会活動をしている団体を探して、参加するとよいでしょう。社会の弱者を守るために立ち上がることになるかもしれません。

試 練

新しいことに取り組むときには、
試練がついてまわります。

試練数：その1

苦難に見舞われたり、問題に直面したりすることを考えると、うろたえてしまうかもしれません。しかし、人は誰しも毎日の生活のなかで、知らず知らずのうちに試練に取り組んでいます。試練にはマイナスのイメージがありますが、必ずしも悪い面ばかりではなく、抑圧からの解放や過去のしがらみからの脱却につながることもあります。試練が必要な場面でそれに逆らい、逃げようとすると、痛い目にあうのです。試練数は頂点数と並行して現れます。頂点数が示す目標を達成しようとしても障害や遅れが生じることがありますが、試練数はそれを象徴しているのです。試練数は9つあり、引き算をして導き出します。同じ数同士の引き算の結果は0になります。多くの数秘術師が指摘しているように、ネームチャートに0が出る人は、人類を悟りに導くため地上にやってきた古い魂の持ち主なのです。

初めての登校日

子どもの頃の体験が、その後の人生で
どのように試練を乗り越えるかを
左右します。

テストの時間

試練の中には前もって
十分に準備できるものも
あります。

古い魂

0が象徴する「古い魂」とは、
何度もこの世に生まれ変わり、
経験を積んだ人を指します。

しがらみとの決別

試練をうまく乗り越えれば、
それと引き換えに自由を
得られることもあります。

187

試練数：その2

引き算
試練数の計算では、
数秘術で唯一引き算を使います。

試練数は頂点数と同じく、人生を4つに分けたそれぞれの時期に影響を及ぼします。試練数の計算は頂点数とは逆のプロセスをたどります。先ほどと

は別の人の生年月日を例にとってみましょう。1969年8月23日生まれの人の場合、運命数は2になります。

試練数の計算を始める前に、2ケタの数は必ず1ケタの数に還元しておきましょう。引き算はどちらの方向にも可能です。数が出てくる順序に関わらず、大きい数から小さい数を引くというのが、数秘術の引き算の原則なのです。以下の表を見ると生まれ年（7）は誕生日（8）よりも小さい数ですが、結果は1になります。

ここで奇妙な点に気づくでしょう。第3期と第4期の試練数は同じ数ですが、それに対応する頂点数は異なるのです。引き算の結果が0になることもあります。数秘術の計算で0が出てくるのは、試練数の場合だ

試練数の計算方法

第1試練数	生まれ月から生まれ日を引く	$8 - 5 (23) = \textbf{3}$（任意の順序で引き算する）
第2試練数	生まれ年から生まれ日を引く	$7 (1969) - 5 = \textbf{2}$
第3試練数	第2試練数から第1試練数を引く	$2 - 3 = \textbf{1}$
第4試練数	生まれ年から生まれ月を引く	$7 - 8 = \textbf{1}$

注：試練数は頂点数と同じ時期に並行して現れます。

けです。試練がないことを意味するわけではありません。そうだとしたら、試練数0の人は成長のきっかけを得ることができないからです。

　以下の表を見ると、最後の2つの時期はいずれも試練数が1です。しかし第3期の頂点数は7であり、第4期の頂点数は6となっています。つまり、1は自己主張とパイオニア精神を象徴する数ですが、それが出てくる背景は2つの時期でまったく異なるのです。

人生の4区分と試練数

時期の区分のしかたは頂点数と同じです。

0〜34歳	挑戦数3（頂点数4）
34〜43歳	挑戦数2（頂点数3）
43〜52歳	試練数1（頂点数7）
52歳以降	試練数1（頂点数6）

試練数：その3

カルマはあなたをやっつけようとつけ狙っているわけではありません。過去の過ちを浄化する機会を引き寄せてくれるのです。それは必ずしも気持ちのいいものではないため、知らん振りをする人もいます。しかし、それでは何も変わりません。カルマと正面から向き合うのは大変ですが、それによって型にはまった考え方や古い行動パターンを脱し、自由になることができるのです。時には試練から逃げ出して、もとの状態に戻りたいと思うかもしれません。試練には必ずこのように対処しなければならないというような、厳密な決まりはありません。試練数は頂点数とともに現れます。どちらの数も、古くからの習慣や型にはまった考え方を脱するために必要な課題を示しています。頂点数も試練数もそれぞれ違う形でチャンスを提供しているのです。2つの数の関係は潮の満ち引きに似ており、頂点数は拡大、試練数は縮小の作用があります。生年月日をもとに算出する数であることから、これら2つの数を知ることは運命数についての理解を深め、カルマを自覚することにもつながります。

新たな領域への挑戦

何を目にするだろう？
誰に出会うだろう？

ちんぷんかんぷん
外国語で書かれた
小説を読むのは、たいへん
骨の折れることです。

締め切り
プロジェクトを仕上げるため
夜遅くまで働くといったことは、
仕事での試練の一つです。

試練数：その４

試練数は必ず頂点数とセットで読み解かなければなりません。この２つの数に含まれる要素をすべて組み合わせ、クライアントの人生を予測する一筋の道を示せるかどうかが、数秘術師の腕の見せどころです。ここで忘れてはならないのは、試練とは視野を広げ、認識を深めるためにもたらされる状況であるということ。頑固な人格数４を持つクライアントには、この点が気に入らないかもしれません。４の人は現状維持を好むからです。その場合はなるべく手短に説明し、納得してもらいましょう。他方で、人格数３ないしは５の影響が強いクライアントは、試練を喜んで受け入れ、新たな試練を求める傾向があります。

試練数の解釈

1 ネイティブ・アメリカンの教えにあるように、独立独歩と有言実行がテーマです。自立した言動は熟慮の上に成り立つことをお忘れなく。一人暮らしをしたり、単独で仕事をしたりするかもしれません。この試練を乗り越えた人は頭角をあらわし、ひとかどの人物から目をかけてもらえるでしょう。

2 自分の欲求と周囲の人たちの欲求との間で、うまくバランスをとることが課題です。人と一緒に暮らすことを学ぶ時期ですが、自分が求めるものをきちんと自覚していないと、相手との仲がこじれてしまうでしょう。子どもや高齢者の面倒を見るなど、世話役にまわるかもしれません。

3 よく考えてから発言するか、さもなければ口をつぐんでいましょう。話し言葉以外のコミュニケーションを身につける時期であり、おそらく文章を書く力を伸ばすことになります。あまりにものんきでいいかげんな態度を取らないようにすること。現実を正しく認識しなければ、適切な行動をとることはできません。机上の理論に傾きがちな３の人にとって、現実の直視がこの時期の課題となるでしょう。

4 物質面でひどく困窮するかもしれません。身の丈に合った暮らしをすること、所有物の多寡にこだわらずにありのままの自分を受け入れることが課題です。この時期に結婚して家庭をもうけようとする人は、生活苦から険悪な雰囲気にならないよう、つましく暮らさなければなりません。

試練数の解釈

5
よい結果が出ると信じて思い切った行動に出ることが、この時期の課題です。窮屈に生きるのをやめ、運を天に任せましょう。自分の直観を信じて行動し、うまくいかないときも他人を責めないこと。

義理に縛られることが多い時期です。人の頼みを喜んで引き受けるのはよいことですが、場合によっては断る勇気も必要です。芸術関係の習い事を始める人は、自分の才能に自信が持てないかもしれません。不安な気持ちは忘れて、とにかくやってみることです。

7
たとえ不本意であっても、孤独になる時期です。自分をこの状況に追い込んだ原因を見つけ出し、何とか改善してみようと努力することが課題です。自分の気持ちに正直になりましょう。セラピーに行くと決めた場合は、周囲の人に反対されるかもしれません。しかし、その見返りはとても大きいでしょう。

責任感を養うことが課題です。自分の勘定は自分で払い、時間を守るようにしましょう。自分の能力を冷静に判断し、それに見合った報酬を請求するのに適した時期です。それがプロになるかアマチュアに甘んじるかの分かれ道なのです。あなたの選択は受け取る報酬の額に反映されるでしょう。

9
自分の信念を守り、それなりの扱いを受けるようにすることが課題です。安穏とした暮らしに浸るのはもうおしまいにしましょう。テレビを見ながら静かな夜を過ごしたいと思うかもしれませんが、地域の若者たちはスポーツチームの指導者を必要としています。あなたならその役割を果たすことができるでしょう。ただし、やるからには真剣に取り組むこと。

物事を根底から動かしている普遍的な法則に従って生きることが課題です。世の中をよくしたいというのは実現可能な目標ですが、そのためには些事に振り回されるのはやめ、壮大な使命に全力で取り組まなければなりません。とにかくやってみようと決めたなら、まったく思いがけない方面から救いの手が差し出されるでしょう。

個人年：その1

個人年は誕生日から次の誕生日までの経験を象徴し、9年周期になっています。1の年に始まり、それから9年後に1つの周期が終わります。個人年はその期間に起こる出来事の詳細を明らかにするのではなく、それぞれの年の傾向や意味を示します。数秘術師の中には、個人年の始まりを年初の1月として計算する人もいます。しかし、1月生まれの人は人類の12分の1しかいないので、特に差し支えがなければ、その人の誕生日を個人年の始まりにするとよいでしょう。個人年は「個人」とあるように、一人ひとりのために算出する数です。したがって、あなたの個人年はあなたの誕生日から始めるべきなのです。

個人年という概念は、個人だけでなく世界全体にもあてはめることができます。西暦で年を数えている地域の人たちにとって、20世紀の始まりの年である1900年を数秘術の方法で加算・還元すると1になります。実際にこの時代には、フロイトやユングの精神分析理論の出現にともない、個性（ないしは個人主義）がクローズアップされるようになりました。一方、21世紀の始まりの年である2000年の数字を加算すると2になることから、協調と関係性が今後100年のキーワードとなるでしょう。はたしてその通りになるのかは、今後のお楽しみというわけです。

誕生日
個人年はその人の誕生日から
始めるべきです。

100

各世紀のテーマ

数秘術では、それぞれの世紀を
特徴づける固有の性質があると考えます。

個性化の時代

フロイト（左下）とユングによれば、20世紀は個人
主義が台頭した個性化の時代でした。英国では
婦人参政権運動（前頁左下）が起こって女性が参
政権を獲得する一方で、現代史の重大な出来事と
して第一次世界大戦（同右下）が勃発しました。
1969年という7の年に実現した月面着陸（右下）
は、前人未到のフロンティアのなかでもっとも遠い
領域に人類が足を踏み入れるという、画期的な偉
業でした。

1〜5までの個人年

誕生日を祝う
誕生日は新たな個人年が始まる日です。

個人年の計算は簡単です。まず生まれ日と生まれ月を足します。そして、合計した数に占いたい年の数を足せばよいのです。

ジェインのデータを例にとりましょう。彼女が相談に来たのは1999年12月6日でした。まず月と日の数字を足します（12＋6＝18＝9）。次に年の数字をすべて足して1ケタにします（1999＝28＝1）。これを先ほどの月日の合計と合わせます（9＋1＝10＝1）。したがって、ジェインの当時の個人年は1という結果になります。ただし、個人年の始まる日は彼女の誕生日であって、1999年の1月1日ではありません。ジェインの誕生日は

年末であることから、1999年の12月6日までの期間は、彼女にとってまだ前年の個人年の影響下にあるのです。たとえば、ジェインがホメオパシーの勉強を始めた1995年は、彼女にとって1994年の12月6日に始まる個人年5の年でした。自由を象徴する5の年に勉強を始めたということは、生まれ育った環境における従来の考え方を離れ、健康や癒しについて新しい思想を探求する時期だったのです。また、個人年の背景には必ずその年自体を象徴する数があるため、それも合わせて考えなければなりません。たとえば1994年は5の年であり、1999年は1の年でした。

数秘術の本には、個人年は誰にとっても1月1日から始まると書いてある場合がほとんどですが、すべての人がこの日に生まれるわけではありません。誕生日は本人にとって大切な日であり、新たな個人年の始まりとともに活力がわき、変化が起こるときです。また、コアナンバーである人格数ないしは運命数と同じ数の年は、順調に過ごすことができると言われています。

個人年の解釈

1　1の年：新たな始まり、ゼロからの出発、新しい事業への着手、誕生の年です。実際、1の年に家庭をもうける人は多いようです。この年に開始したプロジェクトは、その後の9年間で発展し続けるでしょう。奇数の人にとっては順調な年です。4の人と8の人は苦戦します。年齢にかかわらず個人年1に無意識に反応し、弾みがつくこともよくあります。

2　2の年：協調、結婚、恋人との同居、仕事上のパートナーを得る時期です。多くの人にとって情緒面に重きを置く年になるでしょう。奇数の人は1年を通じて調子がいまひとつかもしれません。偶数の人は楽しく過ごせます。個人年2のキーワードは「分かち合い」です。何ごとも1人で抱え込むべきではありません。あなたが求めさえすればすぐに助けが得られます。

3　3の年：探究の年であり、新しいアイデアや思想、未知の国、創作活動を経験します。コミュニケーションの欲求が高まる時期です。机の一番下の引き出しに書きかけの小説をしまってある人は、この機会に仕上げるとよいでしょう。自分自身について改めて考えてみるのもいいでしょう。偶数の人は安定が脅かされるように感じます。

4　4の年：人によっては一番大変な年になるかもしれません。生活に秩序を取り入れるにはいい時期です。金銭面で窮地に陥る可能性もあります。スキルを磨いて本物のプロらしくふるまい、身なりを正し、自分を売り込みましょう。4の人は順調です。3と5の人は窮屈な思いをします。

5　5の年：前年と比べて解放感を覚える人もいるでしょう。物事がクリエイティブな方向に進みます。長期の海外旅行に出かけたり、新規事業を始めるのに適した年です。創作活動にたずさわったり、子どもをもうけたりするかもしれません。マンネリからの脱出がテーマです。2の人は落ち着かないでしょう。4の人は抵抗感を覚えます。

個人年：その2

1つの世紀は10年ごとに区切られ、個人年の数字で表されます。10年ごとの時代区分は20年代、40年代、80年代というように呼ばれます。各年代はそれと呼応する数の性質を帯びており、たいていの場合はその年代が始まって2～3年の間は固有のテーマが前面に押し出されるようです。1920年代は関係性を試みる10年でした。ジャズを流しながらみんなで夜通し踊るのが流行りました。30年代には飛行機による空の探検が始まりました。40年代は緊縮財政と財産をめぐる争いの時代でした。50年代は反抗の時代であり、ティーンエイジャーの概念が生まれました。60年代はヒッピー・ムーブメント「サマー・オブ・ラブ」が起こり、芸術や音楽で新たな展開があった時期です。70年代は神秘体験を求めてはるか遠くまで旅する時代でした。80年代は力を誇示するようなファッションやシャンパンがもてはやされました。90年代は全体主義体制がついに崩壊しました。2000年代では、オンラインによるグローバルなコミュニケーションが発達したのです。

1920年代
第一次世界大戦の
恐怖が去り、
誰もが人生を楽しんでいた
時代です。

30年代

長距離旅行が容易になったのは
この頃からです。

50年代

自由と若さあふれる
時代でした。

60年代

解放と自由恋愛の時代でした。

6～22までの個人年

新年
新しい年の始まりを祝い、
1年の抱負を立てるときです。

個人年は進歩のプロセスであり、1の年に始まり、6が象徴する年を経て、9の年で終わります。マスター数11はめったに現れませんが、22の年は10年間に1回めぐってきます。個人年11の年は前世紀では2回、1901年と1910年にありました。今世紀初頭では、2009年と2018年が11の年になります。前世紀の11の年と同じく、11の性質を帯びた出来事が起こるでしょう。

新たな個人年の始まりには、新鮮な空気を胸いっぱい吸い込んだような、すがすがしい気持ちになります。前年が自分の人格数と相性が良くない年だった場合はなおさらです。たとえば、個人年4は人格数5の人にとっては、まだ生活に秩序を取り入れていない場合、まるで実刑判決を受けたかのように窮屈な感じがするものです。

他方で、必要最低限の事柄に的を絞り、余計なことは考えない方がうまくいく年もあります。結局のところ、たった12ヵ月辛抱しただけで、計り知れない見返りが得られることもあるのです。

人格数2の人は個人年6の年には楽しく過ごせるでしょう。6の年には恋人や家族との関係がよい方向に進展するからです。

人格数9の人にとって個人年8の年は、長年あたためてきた計画の実現に向けて資金を募るのによい時期です。

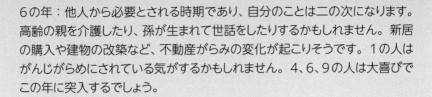

個人年

6の年：他人から必要とされる時期であり、自分のことは二の次になります。高齢の親を介護したり、孫が生まれて世話をしたりするかもしれません。新居の購入や建物の改築など、不動産がらみの変化が起こりそうです。1の人はがんじがらめにされている気がするかもしれません。4、6、9の人は大喜びでこの年に突入するでしょう。

7の年：研究や学習を開始するのに適しています。自分の言動のパターンを解明しようと、心理療法や精神分析を受ける人もいます。音楽、色彩、映画への感受性が豊かになる時期です。スピリチュアルな世界を探求しはじめるかもしれません。8と4の人にはぱっとしない年になるでしょう。奇数の人は幸せに過ごします。

8の年：何かを計画したり、価値あるものを優先し、価値のないものを手放したりするのに良い年です。喪失であり、終焉そして再生の年です。この年に新しく出会う人たちは、お互いに一つの目的のために関わることになるでしょう。全ての人間関係がとても深く、あなたに深く根付いている内なるパターンに気がつかせてくれるでしょう。

9の年：9年前に始まったプロセスが完了する年です。とっくに冷え切っている関係、マンネリ化した生活、もう似合わなくなった古い服など、不要なものを一掃するよい機会です。自分の内面で新たな目標が生まれ、何か大きなことを達成したいと願うようになります。変化を起こそうと実際に行動に移すことが、この時期のテーマです。どの数を持つにせよ変化を嫌う人にとっては、居心地が悪い年になるでしょう。

11と22の年：自分自身と世の中について理解を深め、全体的な枠組みの中での立場をわきまえる時期になるでしょう。マスター数11と22は2と4に還元されますが、この2つの数は実際的で、地に足のついた堅実さがあります（個人年がマスター数になる特別な年には、このような性質が欠かせません）。

占星術やタロット との関係

　占星術やタロットを使ったリーディングについて、大半の数秘術師は実践的な知識を豊富に持ち合わせています。事実、数秘術師、占星術師、タロット占い師の多くは、この３つの手法を組み合わせてクライアントの相談に乗っています。

　各惑星には対応する数があるという数秘術の考え方は、占星術に通じるものがあります。また、タロットは、大アルカナと小アルカナという２種類のカードで構成されています。タロットの専門家の多くは大アルカナの方が歴史が古いと見ており、大アルカナの絵札にはカードの意味を象徴する数字が割り当てられています。大アルカナのカードはぜんぶで22枚あり、人生を通じた魂の旅を表しています。

　数秘術の計算に自信が持てるようになったら、クライアントがより広い視野を持てるよう、占星術でいう支配星とそれに対応するタロットカードをリーディングに取り入れるとよいでしょう。

数秘術と占星術：その1

惑星と数
古代の占星術師は惑星が
人間に及ぼす影響を分析していました。

各惑星には対応する数があります。惑星と数との対応関係は、古代の天文学者が太陽系について正しい知識を有していたことを物語っています。

太陽と1

野心家で外向的、冒険好きで競争心が強く、プロジェクトを立ち上げるのが大好きです。

月と2

繊細で感受性が強く、面倒見がよくて思いやりがあり、母性的ですが、移り気なところもあります。

木星と3

心身ともに開放的。人生を楽しみます。神秘的な雰囲気があります。

地球と4

こつこつとマイペースに行動します。実用重視の常識派です。

水星と5

機知に富み、頭が切れる勉強家です。

金星と6

容姿の美しい人が多いといわれます。バランスを重視する傾向があります。

海王星と7

詩人で神秘主義者、さすらい人であり、境界を消滅させ、神と合一しようとします。

土星と8

境界を設け、秩序を保ち、形あるものを重んじます。

火星と9

現実感覚を備えた理想主義者で、やるべきことをやり、なおかつ自分の信念を貫こうとします。

天王星と11

変化を促す天王星の影響から、突然のひらめきに打たれ、自然保護、人道主義、政治活動などに情熱的に取り組みます。

冥王星と22

冥王星は大地を揺るがすほどの力によって深いレベルでの変容をもたらし、物事を一変させます。

夜 空

古代の人々が占星術の情報を集めていたのは、作付けや放牧をタイミングよく行ったり、部族間の争いを裁いたりするためでした。

数秘術と占星術：その2

占星術で使われる数は、マスター数をのぞけば数秘術と同じです。占星術で重視される数は5、7、9、12です。7は地球から見える惑星を合計した数であり、多くの文化でラッキーナンバーとされています。5と9はいわゆる「吉兆の」ハウスといって、過去生から肯定的な教訓をもたらし、拡大、哲学、旅、創造（子どもや芸術作品）と結びついています。12は占星術では黄道十二宮と出生チャートのハウスの数に相当します。12を一区切りにする慣習は、たとえばイスラエルの12氏族など、さまざまな文化で見られます。4、8、12は前提や安定を外部から揺るがす障害を表すとされています。

太陽系の惑星
これらの天体は
星空を背景に
太陽の周りを回っています。

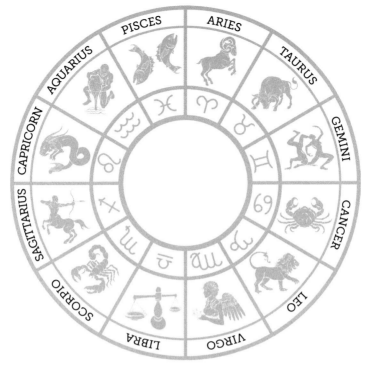

十二宮

英語で十二宮を表すzodiacは、
「動物園」(zoo)を意味するギリシャ語に由来します。
十二宮のサインはほとんどが動物をかたどったものです。

目的地
多くの神秘主義や
哲学思想で、
人生は旅に
たとえられています。

207

数秘術と占星術：その３

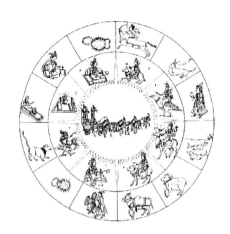

古代のシンボル
地域に生息する動物をモチーフとした
十二宮（獣帯）は、さまざまな文化で見られます。

占星術は未来の出来事がいつ起こるか予測するのに適していますが、予期していた出来事が起こらない場合もあります。占星術師がどれほど詳しくチャートを調べ、出生時間の修正を行っても、実際にはその通りにいかないこともあるのです。西洋占星術では数秘術と同じ数字を各惑星に対応させていますが、頂点数や試練数のように時期を区分する仕組みはありません。一方、インドのヴェーダ占星術には独自の期間区分法があり、補足ツールとして数秘術が使われることもよくあります。

西洋占星術師は頂点数と試練数が及ぼす影響を理解しておらず、これらの数が未来予測に有効であることを見落としています。インドのヴェーダ占星術は西洋占星術とは大きく異なり、はるかに古くからある体系です。未来予測には「ダーサ」という独自の手法が用いられますが、頂点数による時期区分法と似ています。また、独自の数秘術も編み出されています。

ライフサイクル

喜ばしい出来事の背景には、９年周期のサイクルが作用していることがあります。その反面、頂点数や個人年の数から物事の遅れや苦労が予測される場合は、せいいっぱい前向きにふるまったとしても、マイナスのカルマの影響を完全にはねのけることはできません。試練数と個人年が組み合わさってマイナスに作用し、惑星からのプラスの影響を帳消しにするケースもよくあります。

それとは逆に、頂点数と試練数がプラスに作用する時期は、カルマをつかさどる土星の強力な影響力が緩和されます。とはいえ、土星の影響が完全に消えるわけではなく、土星が突きつけてくるカルマに自ら進んで従うことになるでしょう。

　数秘術と占星術を組み合わせる最大の利点は、クライアントにより多くの情報を提供できることです。さまざまなエネルギーがどのようにして相互に作用し合い、クライアントの人生に影響を及ぼすのかという全貌が、2つの体系を通じて見えてくるのです。このように情報を補うことで、リーディングの結果はより信頼の置けるデータとなり、選択をする際の目安とすることができます。

光陰矢の如し

性格や傾向を見抜くという点では、占星術も数秘術も有効な手段です。どちらも個人の人生に影響を及ぼすものなので、ひとまとめに扱うべきでしょう。

数秘術とタロット

タロットとは一種の古文書のようなもので、人間の進歩と魂の成長に関する秘伝の教えを絵柄で示してあります。タロットは見た目が明らかに異なる2通りのカードで構成されています。1つ目は「大アルカナ」といい、22枚の絵札からなります。2つ目は「小アルカナ」で、トランプによく似た仕組みになっており、四大元素を表す4種類の数札に分かれ、それぞれに13枚のカードが含まれています。予想がつくかと思いますが、大アルカナの22枚の絵札が数秘術および占星術と関係があるのは明らかです。これらの絵札はコマ割り漫画のように、全体性を目指す旅での個人の行動、ユング心理学でいう個性化の過程を表現しています。タロット占い師の多くは、数秘術から得た情報をリーディングに取り入れ、カードの絵柄が象徴するメッセージをクライアントに伝える際に補足説明として活用しています。

恋人たち
大アルカナの6番目のカード。
恋愛関係と情熱を表します。

女教皇
このカードには神秘的な
雰囲気があり、
女性性と超自然的な力を
象徴しています。

力
8番目のカード。
11番目に置かれる
場合もあります。

運命の輪
10番目のカード。
新たな始まりを意味し、
数秘術のナンバー1に
通じる性質を帯びています。

1ケタの数を持つタロットカード

人生の書
タロットは人生の浮き沈みを乗り切るための
地図のような働きをします。

数秘術や占星術と同じくタロットカードにも、何世紀にもわたってひそかに受け継がれてきた歴史があり、人の心に影響を及ぼす力を持っています。現在では、高い意識レベルに導いてくれる精神世界の地図として、多くの人に活用されています。

1：魔術師

このカードは新たな始まりを意味します。テーブルの上にある杖、杯、剣、皿は、四大元素を象徴する小アルカナの4つのシンボルです。

2：女教皇

直観と感受性を表します。古代エジプトの女神イシスを起源とする説もあるように、神秘的な雰囲気を帯びています。「女司祭」とも呼ばれ、女教皇ヨハンナとも結びつけられています。

3：女帝

豊穣の大地と実り豊かな人生を表します。このカードには、収穫物があふれんばかりにつまった豊穣の角（コルヌコピア）という、ギリシャ神話のモチーフが描かれています。

4：皇帝

王座にある有力な男性の姿が描かれ、確固として揺るぎない様子を表します。世俗の権力の象徴であり、小アルカナでは4人の王で表現されます。

5：教皇

賢明な助言者が知恵と良識を伝える様子が描かれています。教皇は聖典の教えを説き、布教のカギを握る人物です。

6:恋人たち

　恋愛の情熱が描かれ、選択を象徴するカードとされていますが、どのような決心も結局は正しいということを意味します。

7:戦車

　移動や旅を象徴するカードです。意志の力（乗り手）によって欲望（馬）を手なずけ、行動を起こす（戦車を動かす）さまが描かれています。

8:力

　内なる力で野生のライオンを制圧する女性が描かれています。

9:隠者

　人生の旅で人を導くのは直観（ランタンで象徴される）に他ならないことを示しています。

タロットの謎

タロットカードの起源はどこにあるのか、どうして未来を予知できるのかということは、数百年来の謎なのです。

2ケタの数を持つタロットカード

これからとりあげるカードには2ケタの数が割り振られており、1から9までの1ケタのカードよりもオクターブ高い波動を発しています。2ケタの数のカードは、年をとるにつれて人生の旅が複雑になっていく過程を表します。旅人の足取りは若い頃と同じとはいきませんが、旅の途中で学ぶべき教訓は変わりません。大アルカナのカードはどれもみな、スピリチュアルな教えを伝えるために編み出されたのです。これらのカードに関する奥義こそ、物質的な富よりも叡智に重きを置いていたテンプル騎士団の至宝だとする説もあります。また一説には、カードの起源は古代エジプトの宗教にさかのぼり、古代の大神秘家ヘルメス・トリスメギストスの叡智が絵柄に込められているとも言われています。

忍耐
このカードは「時の天使」と
呼ばれることもあります。

悪魔
宿命を象徴するカード。
古いパターンを
捨て去るよう促します。

XI

JUSTICE .

正義
11番目のカード。
調和とバランスを
象徴します。

XVI

THE TOWER .

塔
このカードが出たら、
引越しに適した時期だと
判断する占者もいます。

最後の11枚のカード

日の光
太陽はタロットの中でも
たいへん縁起の良いカードと
されています。

最後の11枚のカードにある数字は、人生の最後の時期、もっとも大変な部分を表しています。

10：運命の輪

輪廻転生、季節の変化、停滞からの新しい生命の誕生を象徴します。

11：正義

善悪のバランス、均等や中庸への欲求は、目隠しをした人の姿で表されることがよくあります。

12：吊るされた男

物質的な欲望を離れ、冷静に物を見るようにと説くカードです。

13：死

肉体の死を意味するのではなく、奮闘の末に古い慣習を捨て去ることを象徴しています。

14：忍耐

神から授かった才能や新たな生命を象徴しています。死と再生に関するユーラシア神話に起源があるとされています。

15：悪魔

貪欲、肉欲、怒りなどの身体の欲望を離れるときが来たことを意味します。

16：塔

稲妻に打たれた塔の絵は、突然の変化が起こり、意識の転換を迫られることを示しています。

17:星

　神はいつも探求者と共にいること、茫然自失するような衝撃の後で再出発することを意味しています。

18:月

　無意識の心が持つ意外な力を象徴し、根強い恐れや偏見を克服する時期が来たことを告げています。

19:太陽

　明るい日の光の中に入っていき、子どものように天真爛漫な気持ちを取り戻すことを示しています。

20:審判

　探求者は悟りに達し、死後の生命があることを知ります。永遠の意識に目覚めることを意味するカードです。

21:世界

　旅はいったん終わりを迎えます。そして、永遠に続く旅が再び始まります。

愚者：0

愚者のカードは大アルカナの始まりと終わりのどちらかに置かれ、0か22が割り振られています。0も22も多くの文化で神の名を象徴する数とされています。この2つの数は創造の力と宇宙の完全性を示します。愚者がカードの順番で先頭に置かれる場合は、誰の心の中にもいる「聖なる子供」を意味します。また、人間として転生するため実相界の端から物質界に飛び降りようとする魂のシンボルでもあります。素朴、愚直、子どものような純真無垢といった性質を帯びています。聖杯を探し求める騎士パルジファルになぞらえる説もあります。一方、カードの順番の最後に置かれる場合は、神のもとに帰るため断崖絶壁から飛び降りようとする魂を表します。「聖なるホームシック」にかかった魂は神と再び合一したいと願いますが、愚者のカードはそのシンボルなのです。

THE FOOL.

至福なる無知
時代を超えて
神秘家たちが
追い求めてきた境地です。

218

魂のゆくえ
彼はこの世から
飛び出すところなのか、
それとも
この世に飛び込んで
いくところなのでしょうか？

オメガ
どんな終わりも
新たな始まりの
萌芽をはらんで
います。

Innocence

o the seeker

望郷の愚者
「聖なるホームシック」の対象は天国？
それとも地上？

用語解説

運命数（ライフパス）
生年月日を合計した数。

エニアグラム
9つの点をつなげて作る星形の図形で、人間の9つの性格を表す。

カルマ的な数
人生を根底から動かしている神秘的なパターンを示す数のこと。

奇数
2で割り切れない数のこと。9は他の数で割り切れる唯一の奇数である。

偶数
他の数で割り切れる数のこと。

欠落数
ネームチャートに一度も出てこない数のこと。

元型
特定の性質の純粋な表れを典型として示す形、ないしは様式。

個人年
生まれた日と月、特定の年の数を足して算出する。

試練数
数秘術では唯一、引き算をして算出する。

特性数
ネームチャートで繰り返し出てくる数を指す。

人格数
ネームチャートの数を合計して出す。

普遍数
さまざまな種類の数の元型であり、プラスの性質を帯びている。

マスター数
11と22は特別な運命を象徴する数とされている。

参考資料

Numerology

Buchanan, Michelle.
Numerology: Discover Your Future, Life Purpose and Destiny from Your Birth Date and Name. Hay House UK, 2015.

Ngan, Nicolas David.
Your Soul Contract Decoded: Discovering the Spiritual Map of Your Life with Numerology. Watkins Publishing Ltd, 2013.

Rose, Mia. *Numerology: The Ultimate Guide to Uncovering Your Future, Creating Success and Making Your Dreams a Reality Using the Art and Science of Numbers.* CreateSpace Independent Publishing Platform, 2014.

Simpson, Jean. *Numerology (Idiot's Guides).* Alpha Books, 2014.

Websites

www.spiritlink.com
For everything from Numerology to restaurants.

www.sun-angel.com
Numerology horoscopes.

www.hayhouse.co.uk
Tarot, Numerology and, Angel cards.

Astrology and Numerology

www.cafeastrology.com
Free reports and calculations.

www.dawnekovan.com
Learning online.

PICTURE ACKNOWLEDGEMENTS

用語解説 / Picture acknowledgments

Tarot Cards
The following illustrations are reproduced by permission of HarperCollins Publishers Ltd. UK.
The Arthurian Tarot © Caitlin and John Matthews/Miranda Gray: 219t. The William Blake Tarot © Ed Buryn: 219b.

akg-images: 20; 47TR; /Science Source: 47B.

Alamy Stock Photo/ 19th era: 78B; AF archive: 77; Pictorial Press Ltd: 54, 199B; Chronicle: 139; dieKleinert: 114; Masterpics: 87R; Natalia Postolatii: 175TR; shinypix: 123; Splash News: 129; YAY Media AS: 109.

Bridgeman Images: 103T; /From Russia with Love by Terence Young with Sean Connery, 1963: 22B; Palazzo Ducale, Mantua,
Lombardy, Italy: 111B; Palazzo Vecchio (Palazzo della Signoria) Florence, Italy: 93, 152; © British Library Board. All Rights Reserved: 91T; Photo © Leicester Arts & Museums: 95b; Terme Museum, Rome, Italy: 107B; Vatican Museums and Galleries, Vatican City: 90T; Prado, Madrid, Spain: 114.

Fletcher Family Archive: 134-135b all.

Getty Images/ DEA/G. DAGLI ORTI: 90B; Colin Anderson: 119B; Sunset Boulevard: 199M; Caiaimage/Martin Barraud: 119T; Edward G. Malindine: 199T; Joseph Scherschel: 83T; mbbirdy: 87L; Bettmann: 55TR; Dan Mullan: 58B; Dave J Hogan: 43TL; Gie Knaeps: 58T; Handout: 39; Jamie McCarthy: 35B; Photo Josse/Leemage: 51T; Roman: 35TL; Ariel Skelley: 102B, 131T; Ben A. Pruchnie: 14B; Buyenlarge: 14T; Heritage Images: 107T; Historical: 110B; Hulton Archive: 15B; Keystone: 16; Kinzie Riehm: 186; Matthew Peyton: 59TL; Max Mumby/Indigo: 59TR; Michael Betts: 138B; Mikael Vaisanen: 96; Phillipp Schmidli: 26B; Radius images: 118B; RDA/RETIRED: 27TR; Richard T. Nowitz: 122L; Robert Daly: 94.

iStock/ julos: 191; 4nadia: 207B; Asia Images: 175BR; CagriOner: 131B; CTRPhotos: 115B; ferrantraite: 165; filipefrazao: 66B; fotostorm: 135; Imgorthand: 82T; isabeltp: 66T; LdF: 35TR; lujing: 79T; monkeybusinessimages: 143R; MoreISO: 67; NicoElNino: 190-191; ozenli: 175L; Spotmatik: 78T; Steve Debenport: 86T; Vesna Andjic: 191; skodonnell: 162B.

NASA: 34T, 38, 42T, 69; 195R; 206.

REX/ GEORGE KONIG: 23TL.

Shutterstock/ Africa Studio: 111T; Aisyaqilumaranas: 79; bigjom jom: 210B, 210BR, 211R, 211L, 214L, 215L, 215R, 218; Binh Thanh Bui: 171BR; catwalker: 15TL; chombosan: 151B; Christos Georghiou: 207T; CP DC Press: 43TR; Dabarti CGI: 51BL; Dean Brobot: 166; Dmitry Pichugin: 167T; Doug Lemke: 61; edella: 39; Ermolaev Alexander: 195T; ESB Professional: 171T; Everett Historical: 15TR; FamVeld: 130T; Featureflash Photo Agency: 76; Filip Fuxa: 51BR; happy photo; hartphotography: 187B; Jacob Lund: 73; Krista Kennell: 62B; LStockStudio: 187T; Luis Louro: 97; Maknach_S: 151T; mark reinstein: 31TL; Mary Frost: 22T; Marzolino: 92; Masson: 160; Maxx-Studio: 167B; Monkey Business Images: 163B, 170; Morphart Creation: 117; nullplus: 163T; Oksana Kuzmina: 102T; Oleksiy Rezin: 82B; paulart: 150B; Pavle Bugarski: 24; Peteri: 47TL; Prostock-studio: 55TL; Randy Miramontez: 30B; Rawpixel.com: 143L; Repina Valeriya: 62-3, 65; Romariolen: 83B; Ruslan Guzov: 171BL; saraporn: 95T; Silver Spiral Arts: 46; Sova Vitalij: 44; Syda Productions: 130B, 134; TuiPhotoEngineer: 27TL; Vgstockstudio: 86B; Viorel Sima:
110T; volkovslava: 142B, 214R; wavebreakmedia: 103B, 105; KucherAV: 174.

Wikimedia Commons: 39, 50; /Imperial War Museums: 194L; James Willis Sayre: 23TR; Kyle Hoobin: 62T; Library of Congress: 195L; Metropolitan Museum: 49; Project Gutenberg: 30T, 31TR.

221

索引

あ

相性　158
アクエリアス時代
64-65
アサジョーリ, ロベルト　16
意志　138-141
意志数　126, 138-141,
　150
内なる調和　146-157
運命数　8, 16, 18, 20,
　98-125
　　試練数と　190
　　頂点数と　182
エニアグラム　16-17

か

数の相互作用　148-149
カルマ数　73, 126-145
組み合わせ　150-157
グルジェフ, ゲオルギィ・イワ
　ノヴィッチ　16-17
計算方法
　　意志数　129
　　運命数　100-101
　　カルマ数　128
　　試練数　188-189
　　人格数　72-77
　　頂点数　180-181
　　ハート数　129

個人年　178, 194-201,
　208-209

さ

十二宮　206-208
小アルカナ　202, 210
試練数　178, 186-193,
　208-209
人格数　8, 16, 18, 70-97
スピリチュアリティ　146-
　157
成熟数　126, 142-145
0（ゼロ）　66-69, 218-
　219
占星術　12, 202-209

た

大アルカナ　202, 210,
　212-219
タロット　202, 210-219
チャクラ　154-155
頂点数　178, 180-185,
　208-209
天上の音楽　8, 9
特性数と欠落数　130-133

な

7光線　16
ナンバー1　22-25
　　運命数　102-105

組み合わせ　152
個人年　197
試練数　192
人格数　78-81
占星術　204
タロット　212
頂点数　184
人間関係　162-165
ナンバー2　26-29
　　運命数　102-105
　　組み合わせ　153
　　個人年　197
　　試練数　192
　　人格数　78-81
　　占星術　204
　　タロット　212
　　頂点数　184
　　人間関係　162-165
ナンバー3　30-33
　　運命数　106-109
　　組み合わせ　153
　　個人年　197
　　試練数　192
　　人格数　82-85
　　占星術　204
　　タロット　212
　　頂点数　184
　　人間関係　166-169
ナンバー4　34-37
　　運命数　106-109

44f 444444444

444

組み合わせ　153
個人年　197
試練数　192
人格数　82-85
占星術　204, 206
タロット　212
頂点数　184
人間関係　166-169
ナンバー5　38-41
　運命数　110-113
　組み合わせ　157
　個人年　197
　試練数　193
　人格数　86-89
　占星術　204, 206
　タロット　212
　頂点数　185
　人間関係　170-173
ナンバー6　42-45
　運命数　110-113
　組み合わせ　157
　個人年　201
　試練数　193
　人格数　86-89
　占星術　204
　タロット　213
　頂点数　185
　人間関係　170-173
ナンバー7　46-49
　運命数　114-117

組み合わせ　157
個人年　201
試練数　193
人格数　90-93
占星術　204, 206
タロット　213
頂点数　185
人間関係　174-177
ナンバー8　50-53
　運命数　114-117
　組み合わせ　157
　個人年　201
　試練数　193
　人格数　90-93
　占星術　204, 206
　タロット　213
　頂点数　185
　人間関係　174-177
ナンバー9　54-57
　運命数　118-121
　組み合わせ　157
　個人年　201
　試練数　193
　人格数　94-97
　占星術　205, 206
　タロット　213
　頂点数　185
　人間関係　174-177
ナンバー11　58-61
　運命数　118-121

個人年　201
人格数　94-97
占星術　205
ナンバー12　206
ナンバー22　62-65
　運命数　118-121
　個人年　201
　人格数　94-97
　タロット　218
　人間関係　158-177

は
ハート数　8, 18, 20, 126, 134-137, 150
日付　122-125
普遍数　18-69
フロイト, ジークムント　194-195
ベイリー, アリス　16

ま
マスター数　18, 206
未来予測　178-201

や
ユング, カール・グスタフ　20, 194-195

ら
ライフパス→「運命数」を参照

著：

ドーン・コヴァン（Dawne Kovan）

40年以上の経験を持つ、占星術師であり、数秘術師。また、正規のサイコセ
ラピストであり、マインドフルネスの教師もしている。イギリスのみならずアメリ
カ（ニューヨーク）でも個人を対象としたリーディングをおこない、好評を博して
いる。1999年に初めての著書『An Introduction to Astrology』を刊行。ま
た、ニューエイジ関係のさまざまな雑誌も出版している。

翻訳：

小川 真弓（おがわ まゆみ）

中央大学文学部哲学科卒業。精神世界をテーマとする翻訳業に従事。訳書に
『ほんの少しの時間…忙しいあなたのための太極』『占いバイブル』『チベット医
学の真髄』（いずれもガイアブックス）など。

Secrets of Numerology
こうすればいいのか！が導き出せる 実践 **数秘術**

発　　　行　2021年10月1日

発 行 者　吉田 初音

発 行 所　株式会社 **ガイアブックス**

〒107-0052 東京都港区赤坂1-1 細川ビル2F
TEL.03（3585）2214　FAX.03（3585）1090
http://www.gaiajapan.co.jp

Copyright for the Japanese edition GAIABOOKS INC. JAPAN2021
ISBN978-4-86654-055-9 C0011

This edition published in the UK in 2018
by Ivy Press
An imprint of The Quarto Group
First published in 2001
© 2017 Quarto Publishing plc

Art Director: Peter Bridgewater
Editorial Director: Sophie Collins
Design Manager: Anna Stevens
Designers: Kevin Knight, Alistair Plumb, Ginny Zeal
Project Editor: April McCroskie
Picture Researchers: Vanessa Fletcher, Alison Stevens
Photography: Guy Ryecart
Photography organization: Kay MacMullan
Illustrations: Nicky Ackland-Snow, Sarah Young, Andrew Kulman
Three-dimensional models: Mark Jamieson